교·과·서·에·나·오·는·위·인

한글학자

주시경

김경선 엮음 / 정시랑 그림

한국독서지도회

머 리 말

인간을 만물의 영장이라고 하는 것은 말과 글을 사용하기 때문입니다. 말과 글이 있었기 때문에, 인간은 한 사람이 생각해 낸 것을 다른 사람에게 전할 수 있었고, 또 후세의 자손들에게 그것을 전해 줄 수 있었습니다.

그래서 인간은 조상이 쌓아 놓은 지혜 위에 또 지혜를 쌓아, 오늘날 이렇듯 눈부신 발전을 할 수 있었던 것입니다.

그러니, 인간의 가장 큰 보배는 말과 글이라 할 수 있겠지요.

이 세계에는 참으로 많은 민족과 나라가 있습니다. 그들이 모두 자기네 말과 글을 가지고, 각각 독특한 문화를 발전시켜 왔습니다.

우리는 우리말을 가지고 있었지만, 우리말에 따른 우리글을 가지고 있지 않았기 때문에, 처음에는 어려운 중국글인 한문을 빌려 썼습니다.

따라서 말과 글이 서로 달랐지요. 대부분의 백성들이 어려운 한문을 몰라 애태우는 것을 늘 안타깝게 여겨 오신 세종 대왕께서 모든 백성들이 쉽게 배워서 쓸 수 있는 우리글을 만드셨습니다.

그렇지만 우리글은, 당시 사대주의 사상에 물들어 있던 많은 한학자들에 의해서 얼마나 멸시를 받아 왔는지 모릅니다.

중국글인 한문은 참된 글이라는 뜻으로 '진서'라 부르고, 우리글은 '언문' 또는 '암글'이라고 낮추어 불렀습니다.

게다가 연산군은 아예 우리글을 쓰지 못하도록 엄명을 내리기까지 했습니다. 자신의 포악한 정치를 비난하는 우리글로 씌어진 방문이 대궐 벽에 나붙었기 때문이지요.

이렇게 버려져 있던 우리글에 '한글'이라는 이름을 붙이고, 홀로 갈고 닦으신 분이 바로 주시경 선생님입니다.

한 민족의 말과 글은 곧 그 민족의 정신을 뜻하기도 합니다.

일제 시대 때, 일본인들은 우리의 민족 정신을 완전히 없애기 위해, 얼마나 우리말과 우리글을 탄압했습니까.

우리말과 글을 쓰는 사람은 무조건 잡아 가두었는데, 그러한 때에도 굽히지 않고 주시경 선생님은 오로지 한글을 위해 사셨습니다.

그 빛나는 정신과 크나큰 업적이, 마침내 오늘날 세계에서 가장 과학적이며 훌륭한 글로 인정받는 우리글을 이루어 놓으신 것입니다.

주시경의 전기를 읽으면서 여러분도 우리글인 한글을 아끼고 사랑하며 바르게 쓰도록 하여야겠습니다.

차   례

이상한 꿈

벼가 누렇게 익어 가는 어느 가을날의 보름달이 휘영청 밝은 밤, 널찍한 마당 한가운데에서 흥겨운 놀이마당이 벌어집니다.

'두리둥둥' 북 소리가 울리면, 상좌와 먹중, 양반, 원숭이 등의 이상야릇하게 생긴 탈을 쓴 사람들이 차례로 뛰어나옵니다.

'쿵떠덩 쿵!' 장단에 맞추어 익살스러운 몸짓으로 한바탕 춤을 추고는 사설을 주고받는데, 그 사설이 여간 재미있는 게 아닙니다. 이것이 바로 봉산 탈춤입니다. 우리 나라 사람치고 봉산 탈춤을 모르는 사람이 없을 만큼 유명한 민속놀이입니다.

이 봉산 탈춤으로 널리 알려진 황해도 봉산이라는 작은 마을에 주면석이라는 선비가 살았습니다.

몹시 가난하긴 했지만 글공부를 많이 한 선비로, 《구암집》이라는 책을 지어 내기도 한 분입니다.

주면석은 황해도 봉산군 쌍산면 무릉골에서 아내 전주 이씨와의 사이에 딸 하나 아들 하나를 두고 오순도순 살고 있었습니다.

주면석의 집 사랑방에서는 늘 아이들의 글 읽는 소리가 끊이지 않았습니다.

"하늘 천, 따 지……."

주면석은 무릉골의 훈장님으로 이 마을 아이들에게 글공부를 가르치고 있었습니다.

그러던 어느 날이었습니다.

주면석이 글을 쓰려고 연적을 찾았습니다. 그런데 연적이 어디로 갔는지 보이지 않았습니다.

연적이란 붓글씨를 쓰기 위해서 먹을 갈 때 벼루에 따를 물을 담아 두는 자그마한 그릇을 말합니다.

그런데 늘 한자리에 놓아 두던 연적이 오늘은 보이지 않는 것이었습니다.

'아니, 늘 이 곳에 있던 연적이 어딜 갔지?'

아내에게 물어 보아야겠다고 생각했습니다.

"여보, 연적이 없는데 혹시 못 보았소?"

그 말을 들은 아내는 깜짝 놀라며 말했습니다.

"어머나, 연적이 없다고요? 참으로 이상한 일이네요. 어쩌면 꿈이 그토록 신통할까?"

"꿈이 신통하다니, 무슨 꿈인데 그러오?"

"글쎄, 간밤 꿈에 제가 바느질을 하고 있는데, 돌연 수염이 허옇게 난 스님 한 분이 나타나시지 않겠어요. 그러더니, '네 남편이 연적을 찾거든 이것을 내 주어라.' 하시면서 긴 소맷자락 속에서 무언가를 꺼내 주시는 거예요."

"허, 그거 참 신통하구려."

"그런데 말예요, 여보! 전 이 꿈 말고도 또 이상한 꿈을 꾸었어요."

"아니, 당신은 밤새도록 잠은 안 자고 꿈만 꾸었소? 허허. 그래 그 꿈은 또 어떤 꿈이오?"

"예, 따뜻한 어느 봄날이었어요. 봄빛이 밝은 양지바른 언덕에서 나물을 캐고 있는데, 문득 인기척이 났어요. 그래서 고개를 들어 보았더니, 허연 수염이 땅에 닿을 것처럼 긴 할아버지 한 분이 서 있잖겠어요. 그분은 꼭 산신령님 같아 보였어요."

"흐음, 그래서?"

"그래서 저는 허둥지둥 그분 앞에 무릎을 꿇었지요. 그랬더니……."

"그랬더니?"

"그분께서 제게 무엇인가를 주시면서, '이것은 너희 동쪽 나라에서 가장 소중한 보배이니라. 잘 받아서 정성껏 기르도록 하여라.'고 말씀하시는 게 아니겠어요."

"그래, 그 주신 것이 뭐였소?"

"하얀 꿩이었어요. 그것도 세 마리나. 그런데 참 이상하지요? 꿩은 모두 울긋불긋한 줄로만 알고 있는데, 하얀 꿩이라니……."

"허허, 산신령님께서 주신 것이라니, 보배임에는 틀림없을 것 같소. 그런데 어떤 보배일까?"

"글쎄 말이에요."

이렇게 이상한 꿈을 꾼 후부터, 이씨 부인은 몸이 나른한 게 아무래도 이상했습니다.

이씨 부인에게 아기가 생긴 것입니다. 그러니까 그 이상한 꿈은 바로 태몽이었던 것입니다.

그로부터 열 달이 지난 1876년 11월 7일, 가난한 선비 주면석의 집에 경사가 났습니다.

눈망울이 유난히도 초롱초롱한 남자 아이가 태어난 것입니다.

"허, 그 녀석! 어쩌면 이리도 눈이 총명하게 생겼

을까? 산신령님께서 주신 아기여서 그런가. 자, 이 녀석 이름을 뭐라고 짓는다?"

아버지는 매우 기뻐하면서 이 궁리 저 생각을 한 끝에, 마침내 아기의 이름을 '상호'라고 지었습니다.

주상호. 이 아이가 바로 여러분과 함께 이야기하고자 하는 주시경 선생님입니다. 그러니까 주상호는 주시경 선생님의 어릴 적 이름이지요. 주상호는 자라서 주시경이라 이름을 고치고, 또 '한힌샘'이라는 아호를 쓰게 됩니다. 그렇지만 이 책에서는, 커서 어른이 되기 전까지는 주상호로 부르기로 합니다.

상호가 태어난 해인 1876년, 우리 나라는 일본과 '강화도 조약'이라고도 하고, '병자 수호 조약'이라고도 하는 조약을 맺었습니다.

우리 나라에서는 처음으로 다른 나라와 교역을 시작한 것입니다. 그렇지만 이 조약은 말만 조약이지, 사실은 일본의 강압에 못 이겨 맺어진 불평등한 조약입니다.

일본 사람들의 배가 우리 나라 바다를 빈번하게 넘나들더니, 1875년 여름에 마침내 강화도에 대포를 쏘아댔습니다.

우리 군사들은 일본 배를 맞아 용감하게 싸워서 물리쳤습니다. 그러자 일본 사람들은 큰 군함을 이끌고 와서 위협을 하였습니다.

"우리 군사를 죽였으니, 손해 배상을 해라! 그리고 무역항을 개방하라. 그렇지 않으면……."

그래서 어쩔 수 없이 강화도 조약을 맺었습니다.

황해도는 강화도에서 그리 멀지 않습니다.

일본 사람들의 배가 강화도에 쳐들어와서 대포를 쏘았다는 소문은 입에서 입으로 전해져, 금세 황해도까지 쫙 퍼졌습니다.

사람들은 전쟁이 일어날까 봐 걱정하였습니다.

게다가 그 해, 이 고을 일대에는 큰 흉년이 들었습니다. 겨우 한 해를 넘기자, 이듬해에 또다시 흉년이 들었습니다. 여기저기서 사람이 굶어 죽었다는 소문이 들려 오기도 했습니다.

집집마다 쌀 한 톨 구하기가 어려워지고, 들에는 풀뿌리조차 남아나지 않았습니다.

어렵기는 주면석의 집도 마찬가지였습니다.

어머니가 굶기를 밥 먹듯 하니, 젖이 잘 나올 턱이 있겠습니까.

그런데다가 갓난아기 상호는 바로 위의 형인 시통과 한 살밖에 차이 나지 않는 연년생이었습니다. 가뜩이나 나오지 않는 젖을 연년생인 형제가 나누어 먹으니 당해 낼 재간이 없었습니다.

그래서 포동포동 젖살이 올라야 할 상호는 빼빼 말라 갔습니다.

그러던 어느 날, 나물이라도 캐려고 온 들녘을 돌아다니다가 지친 몸을 이끌고 돌아온 어머니는 깜짝 놀랐습니다.

이게 웬일입니까. 방 한구석에 죽은 듯이 누워 있는 상호의 얼굴이 너무나도 창백했습니다.

"아니, 저 애가 혹시……?"

어머니는 얼른 상호를 살펴보았습니다. 숨을 쉬지
않는 듯했습니다. 어머니는 두근거리는 가슴을 가까
스로 진정시키면서 상호의 손발을 만져 보았습니다.
아직 희미하게나마 체온이 남아 있었습니다.

"아아, 살아 있다! 우리 아기가 아직 살아 있
어!"

어머니는 아기의 손과 발을 주무르고 따뜻한 물수
건으로 찜질을 해 주었습니다.

그렇게 얼마나 했을까. 상호가 가느다랗게 숨을
내쉬었습니다.

어머니의 눈에 눈물 방울이 맺혔습니다. 눈물은 어머니의 복받치는 설움을 씻어 내리려는 듯 한없이 쏟아졌습니다.

"아아, 하느님도 정말 무심하시지. 어찌 이 어린 것의 자그마한 창자를 채울 곡식조차 주시지 않는단 말인가!"

이렇게 배고파 까무러치기까지 한 상호였지만, 웬만해서는 도무지 울지를 않았습니다. 어쩌다 암죽이라도 얻어 먹으면, 방싯방싯 웃거나 만족스러운 얼굴로 새근새근 잠을 잤습니다.

이런 상호의 잠든 모습을 들여다보면서, 어머니와 아버지는 한숨을 내쉬었습니다.

"녀석, 착하기도 하지. 까무러칠 정도로 배가 고프면서도 울지 않다니……. 차라리 '안순'이라는 이름이 이 녀석에게는 어울릴 것 같아."

아버지와 어머니는 잠든 아기를 바라보면서 가만히 불러 보았습니다. '안순아!' 하고.

아기가 하도 순하고 착하기 때문에, 아기에게는 어느 새 '안순'이라는 별명이 붙어 버렸습니다.

아기가 세 살도 채 안 된 때의 일입니다.

하늘을 만지려던 아이

커다란 미루나무 옆에 서서 쬐그만 키를 대 보며, 이렇게 노래를 부르는 아이가 있었습니다.

어서 커라.
어서 커라.
할 일이 있으니
어서 커라.

어느덧 다섯 살이 된 상호입니다.

그 무서운 흉년을 겪고, 그 뒤로 두 번째 새봄이 왔습니다. 이젠 제법 동네 꼬마들과 어울려 놀기도 하고 장난도 하게 되었습니다.

그러나 아이들이 없고 혼자 있을 때에는 곧잘 이런 노래를 부르곤 했습니다.

지나가는 어른들은 그런 상호를 보고, 그만 '픽' 하고 웃음을 터뜨리고 맙니다.

"거 참, 조막만한 녀석이 무슨 노래를 하고 있는 거지?"

어떤 어른은 좀 짓궂은 생각이 들어서 상호에게 말을 걸어 보기도 합니다.

"야, 이 녀석아! 너는 '어서 커라. 어서 커라.' 하고 노래를 부르는데, 그게 네 소원이냐?"

"예, 저는 어서 커야 해요. 그래야 일을 하지요."

상호는 귀여운 목소리로 제법 똑똑하고 야무지게 대답했습니다.

"네가 일을 한다고? 그래, 도대체 무슨 일을 한다는 거냐?"

"제가 할 일은 너무나 많을 거예요."

"이, 이런 맹랑한 녀석을 보았나!"

말을 건넨 어른은 그만 입이 딱 벌어지고 말았습니다. 철없는 아이의 입에서 나온 말치고는 너무도 당돌했기 때문입니다.

"흐음, 저 녀석은 제 말대로 무언가 할 일이 많은 놈인 것 같아."

어른들은 이렇게 수군거렸습니다.

　또 한 해가 지났습니다. 상호의 나이 이제 여섯 살이 되었습니다. 상호는 앞마당에서 동네 꼬마들과 함께 집짓기놀이에 한창입니다.

　수수깡을 가져다가 집을 짓는 놀이입니다. 수수깡을 세워 기둥을 만들고, 서까래를 걸쳐 지붕을 얹습니다. 그리고 봉당을 만들고, 또 조약돌을 주워다가 장독대도 만듭니다. 그러고 나면 대청이 널찍한 으리으리한 기와집 한 채가 생깁니다.

　동네 꼬마들에게는 이 놀이가 여간 재미있는 게 아닙니다.

"어때, 멋있지? 내 집이 네 집보다 훨씬 좋다."

한 아이가 말하자, 다른 아이가 볼을 있는 대로 부풀리고 대꾸합니다.

"뭐라고, 내 집이 네 집보다 더 좋아!"

"아니야, 내 집이 더 크고 근사해."

"너 까불래! 내 집이 더 큰데 무슨 말이 많아."

즐거운 놀이를 하다가 그만 싸움이 붙고 말았습니다. 한 아이가 여전히 지지 않고 또 대꾸합니다.

"흥, 네 집은 마치 강아지집 같다. 부엌도 없고, 마루도 없고, 그게 무슨 사람 사는 집이냐!"

한 아이가 잔뜩 약이 올랐습니다. 갑자기 상대 아이에게 달려들어 멱살을 잡았습니다. 멱살을 잡힌 아이도 가만히 있지 않았습니다. 마침내 두 아이는 엎치락뒤치락하며 땅바닥에 뒹굴었습니다.

그 때였습니다.

"예끼, 이 녀석들! 사이좋게 놀아야지, 왜들 싸우고 야단이냐!"

아직도 숨을 씩씩거리며 서로를 노려보던 아이들은 덜컥 겁이 났습니다.

그도 그럴 것이, 그 아저씨는 마침 아이들이 가져다가 집짓기놀이를 하던 수수깡의 임자였습니다.

"아니, 이 녀석들! 이제 보니 수수깡으로 이런 장난을 하고 있었구나."

막 야단을 치려던 아저씨는 아이들이 만들어 놓은 수수깡 집 중에서 제법 번듯하게 지은 집을 보았습니다. 솜씨가 그럴 듯해 보였습니다.

아저씨는 그 집을 가리키면서 물었습니다.

"아니, 이 집은 누가 지었느냐?"

아이들은 겁이 나서 고개를 숙이고 아무 말도 못했습니다. 수수깡을 사방에 흐트러 놓았기 때문에 야단을 맞을 게 뻔했습니다.

어떤 아이는 비실비실 뒷걸음을 쳤습니다.

그 때 상호가 한 발 앞으로 나서며 말했습니다.

"잘못했습니다. 제가 지은 것입니다. 다른 아이들은 모두 제가 짓는 것을 보고 따라 지었을 뿐입니다. 용서해 주세요."

앞으로 나선 상호를 쳐다보던 아저씨는 입가에 웃음을 띠면서 말했습니다.

"아니다, 너는 참 정직한 아이로구나. 집을 아주 잘 지었기 때문에 수수깡을 망가뜨린 것은 용서해 주마."

꾸중을 들을 줄 알고 머뭇머뭇 눈치만 살피던 아이들의 얼굴이 갑자기 환해졌습니다. 그 아저씨는 상호의 머리를 쓰다듬으며 말했습니다.

"아무튼 이 녀석들아, 싸우지 말고 사이좋게 놀아야 한다."

"예 !"

아저씨의 부드러운 목소리에 아이들은 모두 목청을 높여 대답했습니다.

상호는 이처럼 용기 있는 아이였습니다.

어떤 잘못을 저질러도 정직하게 자기 잘못을 인정하고 용서를 빌 줄 아는 착한 아이로 자랐습니다.

상호가 일곱 살 났을 때의 일입니다. 상호네 동네에는 남쪽으로 큰 산이 하나 있습니다.

덜렁봉이라는 산입니다. 하늘 높이 덜렁 솟아 있다 해서 덜렁봉이라고 불렀습니다.

동네 아이들과 모여서 한참 재미있게 놀다가 문득 고개를 든 상호의 눈에, 파란 하늘이 가까이 내려앉은 듯이 비쳤습니다.

멀리 덜렁봉과 하늘이 맞닿아 있었습니다.

"얘들아, 저것 좀 봐! 하늘이 덜렁봉에 닿았어."

"히야, 정말인걸! 진짜 신기하다!"

"얘들아, 저기 덜렁봉 꼭대기에 올라가면 하늘을
만져 볼 수 있겠다. 우리 가 보지 않을래?"

이렇게 제의한 건 상호였습니다. 그러자 아이들이
모두 좋아라 하고 찬성했습니다.

"좋다, 가 보자!"

아이들은 하늘을 만져 보겠다고 우르르 덜렁봉을
향해 달렸습니다. 곧 덜렁봉 꼭대기까지 오를 수 있
을 것 같았습니다.

그렇지만 덜렁봉을 오르는 일은 결코 쉽지 않았습
니다. 산이 높기도 했지만, 발에 걸리는 가시덤불이
아이들의 종아리를 따갑게 찌르고 할퀴었습니다.

한 아이가 주저앉았습니다.

"아야야! 발에 가시가 박혔어."

그 아이는 그만 울음을 터뜨렸습니다.

"난 못 가겠어."

또 한 아이가 무릎을 감싸쥐며 그 자리에 털썩 주
저앉았습니다.

열 명이 일곱 명이 되고, 일곱 명이 네 명이 되고,
네 명이 두 명이 되었습니다.

저 발끝 아래로 동네가 조그맣게 보이고, 드문드문

초가집들이 마치 성냥갑만해 보였습니다. 그런데도
아직 덜렁봉 꼭대기는 아득히 멀어 보였습니다.

　이제 상호와 또 한 아이밖에 남지 않았습니다. 그
아이는 동네에서 힘이 제일 센 아이였습니다. 그러
나 그 아이도 얼마 못 가서 주저앉고 말았습니다.

　두 아이의 이마에 송글송글 맺힌 땀방울 위로, 산
바람이 시원하게 불어 왔습니다. 파란 하늘은 여전
히 덜렁봉 꼭대기에 닿아 있었습니다.

　"야, 상호야! 우리 그만 올라가고, 여기서 좀 쉬
　었다가 내려가자."

"싫어! 나는 끝까지 올라갈 테야. 나는 꼭 하늘을 이 손으로 만져 보아야겠어."

"에이, 모르겠다. 그럼 너 혼자 올라가렴. 나는 더 이상 못 올라가겠다."

상호는 넘어지고 자빠지면서 종아리를 할퀴는 가시덤불을 헤치며 꼭대기로 올라갔습니다.

"야아, 꼭대기다!"

마침내 상호는 덜렁봉 꼭대기에 섰습니다. 그러나 하늘은 어린 상호를 약올리려는 듯 성큼 물러나, 덜렁봉 꼭대기보다 훨씬 더 높은 곳에 있었습니다.

어린 상호가 아무리 손을 들어 하늘을 만져 보려 해도, 하늘은 만져지지 않았습니다.

상호는 실망한 채 맥없이 산을 내려왔습니다. 그 말을 전해 들은 동네 어른들은 모두 혀를 내둘렀습니다.

"원, 녀석. 어린 녀석이 거기가 어디라고 올라갔단 말인가그래. 어른도 힘들 텐데. 아무튼 그 녀석, 집념이 대단한걸."

"그러게 말이야. 한번 제 마음에 작정한 것은 반드시 하고야 마는 녀석이라니까. 장차 커서 뭐가 되든 될 녀석이야."

"아무렴."

이 무렵부터 상호는 동네 글방엘 다녔습니다.

상호의 아버지는 자신도 훈장이었지만, 상호는 동네에 있는 다른 글방에 보냈던 것입니다.

사사로운 감정에 얽매어 아들의 교육을 망칠 수도 있었기 때문이었습니다. 상호는 그 날 배운 것은 그 날로 모두 외웠습니다.

"하늘 천, 따 지, 검을 현, 누르 황……."

글방에서 돌아오면, 상호는 무언가 집안일을 도울 것이 없나 하고 늘 살폈습니다.

그러던 어느 날, 톱과 낫을 들고 쏜살같이 산에 오른 상호는, 무엇에 쓰려는지 나무를 한아름 베어 왔습니다. 그리고는 며칠 동안 글방에만 다녀오면 그 나무를 다듬고 매만졌습니다.

상호는 지게를 만들고 있었던 것입니다.

며칠 후, 상호의 키에 꼭 맞는 훌륭한 지게가 완성되었습니다.

"와아, 생각보다 멋진데!"

상호는 글방에 다녀오는 즉시 그 지게를 지고 산으로 올라갔습니다. 땔나무를 해 오려는 것이었습니다. 그렇게 땔나무를 하러 다니면서도, 오고가는 길에 상호는 언제나 그 날 배운 것을 복습했습니다.

이렇듯 상호는 집안일이나 공부를 하는 데에 있어서 무척 적극적이었으며, 무슨 일이든 자신의 일에 최선을 다하는 아이였습니다.

물론 친구들과 뛰어노는 일에도 절대 뒤지지 않는 아이였습니다.

그리고 상호는, 땔나무만 해 오는 것이 아니라 틈틈이 볏짚으로 가는 새끼를 꼬아 짚신을 삼기도 했습니다. 처음에는 모양이 제대로 나지 않았지만, 자꾸 하다 보니까 점점 솜씨가 늘었습니다.

원래 손재주가 뛰어난 상호인지라, 나중에는 제법 예쁜 짚신을 삼을 수 있게 되었습니다.

어느 장날, 상호는 그 동안 삼은 짚신 중에서 가장 예쁜 것으로 몇 켤레를 골라 가지고 장터로 나갔습니다.

앞에 짚신을 나란히 늘어놓고 장터에 앉아 있었습니다. 그랬더니,

"꼬마 짚신 장수로구나! 꽤 잘 삼았는걸."

하고 어른들이 하나씩 사 갔습니다.

가지고 나간 짚신을 다 팔고 나니, 주머니가 제법 묵직했습니다.

"히야, 짚신을 다 팔았다! 후후, 엽전이 이렇게 많이 생겼어."

상호는 신이 나서 쌀을 두어 되 사고, 남은 돈으로는 어머니에게 드릴 떡을 좀 샀습니다.

"어머니께 드려야지. 어머니가 기뻐하실 거야. 어머니는 떡을 좋아하시거든."

집에 돌아온 상호는, 어머니께 바로 떡을 드릴 수가 없었습니다. 낮에 드리면, 어머니가 잡수실 떡이 없을 것이기 때문입니다.

상호에게는, 누나 하나와 형 시통, 아우 시강과 시

종, 그리고 누이동생이 있었습니다. 그러니 낮에 내
놓으면 어머니 몫이 없을 게 뻔했습니다.

식구들이 모두 잠든 밤에, 상호는 슬그머니 떡을
어머니 앞에 내놓았습니다.

"어머니 드리려고 떡을 좀 사 왔어요."

어머니는 콧날이 시큰해지는 것을 느끼며, 떡을
하나 잡수시고는 말씀하셨습니다.

"우리 상호가 사다 준 떡이라서 그런지 참 맛있구
나. 하지만 상호야! 엄마는 떡을 먹는 것보다 우리
상호가 열심히 공부해서 훌륭한 사람이 되는 게 더
욱 기쁘단다."

"알겠습니다, 어머니. 공부도 열심히 하고 있으니
염려 마세요."

이렇듯 상호는 글공부도 열심히 하고, 고생하시는
어머니도 부지런히 도와 드리는 효심이 깊은 아이였
습니다.

서울로 올라와서

상호가 열세 살이 되던 때인 1888년의 어느 날, 큰아버지가 상호네 집에 찾아오셨습니다.

서울에서 사시는 상호의 큰아버지 주면진은 서울의 남문 밖 시장에서 '해륙 물산 객줏집'을 하고 있었습니다. 처음에는 생활이 몹시 어려웠지만, 지금은 장사가 잘 되어 형편이 많이 좋아졌습니다. '해륙 물산 객주'라면, 바다와 육지에서 나는 여러 가지 물건, 즉 오징어·건어물·미역·밤·대추·호두·무 같은 것들을 사고 파는 큰 도매상을 말합니다.

그러나 큰아버지는 넉넉한 생활을 하시면서도 얼굴에는 늘 수심이 가득하였습니다.

몇 해 전, 몹쓸 전염병으로 인해 아들과 딸을 한꺼번에 잃었기 때문이었습니다.

　큰아버지는 외롭고 쓸쓸해서 도무지 살맛이 나질 않았습니다.

　상호네 집을 찾아오신 큰아버지는 동생인 상호 아버지에게 어려운 부탁을 하였습니다.

　"면석이 네게는 아들이 여럿이니, 상호를 내게 양자로 주지 않겠니? 시골에서 공부하는 것보다는 서울에서 공부하는 게 더 나을 테고……."

　"글쎄요, 너무 어려서……."

　아버지는 선뜻 내키지 않았지만, 쓸쓸해하는 형님을 생각하면 거절할 수도 없는 노릇이었습니다.

그리하여 상호는 큰아버지 주면진의 양자가 되어 서울로 올라가게 되었습니다.

서울은 생각보다 훨씬 더 크고 번화했습니다. 집들도 모두 기와집이었고, 으리으리했습니다.

큰아버지 댁도 작은 집이 아니었습니다. 널찍한 대청 마루에 큼직큼직한 방들, 아무튼 시골의 초가집보다 갑절도 더 컸습니다.

큰아버지는 부모와 떨어져 서울로 온 상호가 쓸쓸해할까 봐, 맛있는 것을 많이 사 주셨습니다. 밥상에도 맛있는 반찬이 올라왔습니다. 생전 처음 먹어 보는 반찬들이었습니다.

서울에 온 상호는 집 가까이에 있는 글방에 다니게 되었습니다. 그렇지만 그 글방은 상호의 마음에 들지 않았습니다.

글방에 다니는 아이들도 열심히 배우는 것 같지 않았고, 훈장님도 정성을 다해 가르치려는 것 같지 않았습니다. 상호는 좀더 훌륭한 선생님을 모시고 공부하고 싶었습니다.

그렇지만 그 당시에는 아무 데나 글방을 골라서 다닐 수가 없었습니다. 왜냐 하면, 옛날에는 양반과 상민을 몹시 차별했기 때문입니다.

양반들의 자식은 그들만이 다니는 글방이 따로 있었습니다. 그 글방은 크고 깨끗하며, 훈장님도 아주 훌륭한 학자이셨습니다.

그리고 중인이나 장사를 하는 사람들의 자식은 그들만이 모여서 공부할 수 있는 글방에 다녔습니다. 글방도 작고, 훈장님도 양반의 자식이 다니는 글방의 훈장에 비해 그리 훌륭하지 못했습니다. 그 아래 상민들의 자식은 아예 글을 배우지도 못했습니다. 글방 근처에도 갈 수 없는 것으로 알았습니다.

그래서 상호는, 좋은 글방에 가서 마음껏 글을 배우지 못하는 것 때문에 늘 우울했습니다.

상호가 다니는 글방에 가는 길목에는 크고 으리으리한 기와집이 한 채 있었습니다.

상호가 글방에 가는 그 시각에, 상호 또래의 양반 집 아이들이 그 대문 안으로 들어갔습니다.

이따금 그 집 안에서 아이들의 글읽는 소리가 흘러 나오곤 했는데, 그 소리가 굉장히 낭랑했습니다.

그럴 때면 상호는 우두커니 서서 그 소리에 귀를 기울이곤 했습니다.

그 후로, 상호는 글방에 갔다 돌아오는 길이면 자기도 모르게 그 집 대문 앞에 발길이 멎었습니다.

한 번은 훈장 어른인 듯한 분이 대문 밖으로 나서는 것을 보았습니다. 정자관을 쓴 모습이 굉장히 의젓해 보였습니다.

정자관이란 선비들이 평상시에 쓰는 관입니다.

정자관은 산을 겹쳐 놓은 듯한 모양으로 옛날에는 이것을 말총으로 짜거나 떠서 만들었다고 합니다.

동네 사람들은 그 어른에게 모두 깍듯이 인사했습니다. 학식 높은 이회종 진사 어른이라고 했습니다.

그 어른의 모습은 어린 상호에게도 무척 인상 깊게 남았습니다.

이회종 진사를 한 번 본 후로는, 그 어른에게서 글을 배우고 싶다는 생각이 상호의 머리에서 한시도 떠나지 않았습니다.

상호는 맛있는 음식도, 좋은 집도 싫었습니다. 그저 좋은 선생님에게서 글을 배우고 싶었습니다.

'아아, 나도 이회종 진사 어른한테 글을 배울 수 있었으면…….'

하지만 어림도 없는 일이었습니다. 이회종 진사에게서 글을 배우는 아이들은, 모두 내노라 하는 양반 집 아이들이었습니다.

상호는 거의 날마다 글방 공부가 끝나면 그 집 대문 앞에서 서성거렸습니다. 어떤 때는 슬그머니 대문 안을 기웃거려 보기도 했습니다.

하루 이틀도 아니요 한두 번도 아니니, 이회종 진사는 이상스럽게 여겼습니다.

'흐음, 무언가 사연이 있는 아이 같군.'

어느 날, 이회종 진사는 밖에서 서성거리는 상호를 보고, 하인을 불러 조용히 말하였습니다.

"밖에 서 있는 저 아이를 데려오너라."

그래서 마침내 상호는 이회종 진사의 앞에 불려 가게 되었습니다.

"너는 대체 어디 사는 누구의 아들인데, 날마다 남의 집 앞에서 서성거리느냐?"

"예, 저는 본디 황해도 봉산군 쌍산면 무릉골에 사는 주면석이라는 선비의 아들이온데, 지금은 장사를 하시는 큰아버지의 양자가 되어 서울에 올라와 살고 있사옵니다."

"그런데 어찌하여 내 집을 기웃거리느냐?"

"아, 아무 일도 아니옵니다."

"아무 일도 아니라니?"

"예, 저는 단지 진사 어른께 글을 배우고 싶은 생각으로……."

진사는 그렇게 말하는 상호의 얼굴을 찬찬히 살펴보았습니다. 그 얼굴에는 어떤 의지가 깃들여 있는 듯했으며, 특히 눈이 매우 빛났습니다.

'흐음, 매우 총명해 보이는 아이로군.'

이회종 진사는 이 총명해 보이는 아이에게 글을 가르쳐 보고 싶었습니다.

"그럼, 좋다. 너의 큰아버님께 말씀을 드리고, 내일부터 내 집으로 글을 배우러 오너라. 다른 사람들에게는 무릉골에 사는 내 친구 주면석의 아들이라고 할 테니……."

"고맙습니다, 진사 어른. 아니, 훈장 어른."

이렇게 해서 상호는, 이회종 진사에게서 글을 배우게 되었습니다. 타고난 열성에다가 하나를 배우면 열을 아는 재주로, 상호의 글공부는 이 진사가 탄복할 정도로 빨랐습니다.

상호의 글공부는 놀랍게 발전하여, 이제는 상당히 어려운 책을 배우게 되었습니다.

이 진사는 《논어》라는 아주 어려운 한문책을 상호에게 가르치기 시작했습니다.

《논어》는, 성인이신 공자의 말씀을 모아서 엮은 아주 훌륭한 책입니다. 옛날에는 반드시 공부해야 하는 책이었답니다.

《논어》의 첫머리에는 다음과 같은 글이 나옵니다.

"자왈, 학이시습지면 불역열호아. 유붕이자원방래면 불역열호아. 인부지이불온이면 불역군자호아."

"무슨 뜻인지 알겠느냐?"

이 진사는 상호가 읽은 《논어》의 첫머리를 하나하나 알기 쉽게 설명해 주었습니다.

"공자께서 말씀하시기를, '배우고 때로 이를 익혀 복습하니 이 또한 기쁘지 아니한가. 멀리서 친구들이 찾아오니 이 또한 기쁘지 아니한가. 남이 나를 알아주지 않아도 성내지 아니하면 이 또한 군자가 아니겠는가.'라는 뜻이니라."

그런데 그 날따라 상호는 이 진사의 말을 건성으로 듣고 있었습니다. 혼자 무슨 생각인가를 골똘히 하고 있는 것입니다.

'한문은 우리글이 아니다. 게다가 너무나 어려워서 많은 사람들이 배워 쓸 수가 없다. 글이란 좋은 가르침과 밝은 이치를 널리 알리자는 데에 그 목적이 있을진대, 이렇게 어려워서야……..'

상호의 생각은 끊임없이 이어졌습니다.

'우리말을 소리나는 대로 그대로 옮겨 적으면 모든 사람들이 쉽게 배워 쓸 수 있지 않은가.'

그렇습니다. 세종 대왕께서는 이미 지금으로부터 약 700 년 전에 우리 글을 만드셨습니다. 책을 읽고 싶어도 읽지 못하고, 글을 쓰고 싶어도 쓰지 못하는 불쌍한 백성들에게, 사람의 길을 알게 하자는 고맙고 어지신 뜻에서였습니다.

그러나 세종 임금께서 만드신 우리 글은, 당시의 사대주의 사상이 뼛속 깊이 박혀 있던 벼슬아치들에 의해서 천대와 멸시를 받아 오다가, 연산군 시대에 이르러서는 완전히 폐지되다시피 하였습니다.

　연산군은 성질이 포악하고 괴팍한 데다가 사사로
운 감정에 얽매어 정사를 제대로 돌보지 못해 마침
내는 임금 자리에서 쫓겨나, 후세에 왕(王)으로 남지
못하고, 군(君)으로 남게 된 임금입니다.

　연산군이 임금으로 있을 때의 일입니다. 임금의
나쁜 짓을 폭로하는 방문이 대궐 담에 붙었습니다.

　그것을 본 임금은 화가 나서 호통을 쳤습니다.

　"에잇, 발칙한 것들! 이따위 글이 나붙을 수 있
는 것은, 모두 언문이 있기 때문이다. 앞으로는 언
문을 일체 배우지도, 가르치지도 못하게 하라!"

이렇게 된 거랍니다. 누구나 쉽게 배울 수 있는 언문이 있기 때문에, 그런 내용의 글을 써서 대궐 담에 붙일 수 있었다는 것이었습니다.

그리하여 그로부터, 세계의 어느 나라 글보다 훌륭한 우리의 글은 천대와 멸시 속에서 어둠에 묻힐 수밖에 없었습니다.

상호는 그 날, 잠자리에 들어서도 우리글에 대한 생각을 하느라 잠을 이루지 못했습니다.

'공자께서 말씀하시기를, 하면 누구나 금방 알아 들을 수 있는 말을 구태여 자왈이라는 어려운 말을 쓰는 이유는 무엇일까?'

한문 중에서 어려운 것은, 10년을 배워도 몰라 쩔쩔매는 것들도 있습니다. 글만 배우는 데에 이렇게 힘들어서야, 어떻게 다른 여러 가지 것들을 배우고 익힐 수 있겠습니까.

공자께서 아무리 훌륭한 가르침을 주시면 뭘 하겠습니까. 글이 어려워서, 그것을 배우는 데에 몇 년씩 걸려야 하고 또 상민들은 그 가르침을 배울 기회조차 가질 수 없었으니 말입니다.

그리고 보면 우리글은 여간 편리한 게 아닙니다.

'글은 많은 사람들이 읽고 쓰기에 편리해야 한다.

그래, 글은 말을 그대로 옮겨 적으면 되는 거야.'

상호가 우리글에 대해 생각하는 동안, 어느 새 새벽닭이 울었습니다. 밤을 꼬박 밝힌 것입니다.

그 후부터 상호의 머릿속은 세종 대왕께서 만드신 우리글에 대한 생각으로 가득 찼습니다.

'그래! 역시 글은 소리나는 대로 써야 해.'

이렇게 깨달았지만, 글을 소리나는 대로 적는 데에도 역시 문제가 있었습니다. 그것은 어떻게 띄어쓰느냐에 따라 그 의미가 달라지기 때문입니다. 그럼, 소리나는 대로 적어 봅시다.

'아버지가방에들어가신다.'

어떻습니까? 이렇게 써 놓으면, 두 가지 뜻으로 이해할 수 있습니다.

'아버지가 방에 들어가신다.'

이렇게 띄어 쓰면 금방 '아하, 아버지께서 방에 들어가시는 거구나.' 하고 이해가 갑니다.

그럼, 다음과 같이 쓰면 어떻게 되는지 보십시오.

'아버지 가방에 들어가신다.'

저런, 아버지께서 들어가실 수 있을 정도로 큰 가방이 있는 모양입니다.

이제 소리나는 대로 적기만 해서는 문제가 있다는 것을 알았을 것입니다.

이런 보기는 얼마든지 있습니다.

'새벽'과 '새 벽'은 어떻습니까? 물론 소리는 똑같이 납니다. 그렇지만 뜻은 완전히 달라집니다.

그래서 상호는, 소리나는 대로 적되, 적는 법을 찾아내야 한다고 생각했습니다.

'그렇다! 우리글을 연구하자. 그래서 모두가 올바르게 쓸 수 있는 우리글을 확립해야 한다.'

상호는 결심을 굳혔습니다. 그렇게 결심을 굳힌 날, 상호의 가슴은 터질 듯한 흥분으로 설렜습니다.

새로운 학문의 길로

이회종 진사에게서 한문을 배운 지도 어언 3년이 지나고, 상호도 어엿한 총각이 되었습니다. 지금부터 주상호를 '주시경'으로 바꿔 부르겠습니다.

우리글을 연구할 결심을 한 뒤, 주시경은 그 실천 단계로 새로운 학문을 배워야겠다고 생각했습니다.

'나라가 발전하려면, 우리 나라보다 문명이 발달된 나라의 학문을 두루 배우지 않으면 안 된다.'

이런 결심을 한 주시경은, 곧 머리를 잘랐습니다.

새로운 학문을 배우러 배재 학당에 들어가기 위해서였습니다. 그 당시에는 머리를 자르는 것이 대단한 일이었습니다.

그 때만 해도 '신체발부는 수지부모'라 하여 자신의 몸은 머리에서 발끝까지 부모님에게서 물려받은 것이니, 자신의 몸을 상하게 하거나 머리카락을 자르는 것은 불효라고 믿던 시대였습니다.

그래서 당시에는, 어른은 모두 상투를 틀어올렸고, 총각들은 여자처럼 머리를 길게 땋아 늘어뜨리고 다녔습니다.

그러한 시대에 새로운 학문을 배우겠다고 머리를 잘랐으니, 주시경의 용기가 얼마나 대단한 것이었는지 가위 짐작할 만합니다.

'단발령'이라고 해서, 임금님이 상투를 자르고 머리를 깎도록 명령을 내린 것이 1895 년이었습니다. 물론 일본의 강압에 못 이겨 내린 명령이었습니다.

그러자 세상은 온통 벌컥 뒤집혔습니다.

"아니, 상투를 자르고 머리를 깎으라니, 우리가 오 랑캐란 말이냐!"

"절대로 상투는 자르지 못한다. 부모가 주신 것을 자르다니, 그런 불효 막심한 짓을……."

최익현이라는 유명한 어른이 있었습니다. 이분은 훗날 의병을 일으켜 일본 침략에 대항하여 싸우신 분입니다.

이분은 상투를 자르지 못하겠다고 버티다가 옥에 갇혔습니다. 그런데 옥에 갇혀서도,

"이놈들! 내 목은 자를 수 있을지 몰라도, 상투 만은 절대로 자를 수 없다. 알겠느냐!"

하고 막무가내로 고집을 세웠습니다.

물론 그 때까지의 우리 나라 사정에 비추어 볼 때, 그분의 말에도 일리는 있습니다.

우리 나라는 너무 오랫동안 외국과의 교역이 없었 기 때문에, 마치 우물 안의 개구리와도 같았습니다.

우물 안의 개구리를 좀 생각해 보십시오. 그 개구 리에게는 우물 안이 곧 세계입니다. 그리고 그 곳에 서는 자기보다 잘난 자가 없습니다. 그래서 자기가 제일이라고 뽐낼 수도 있습니다.

그렇지만 우물 밖의 세상은 더 넓고 큽니다. 자기

가 모르는 것이 너무나도 많습니다.

이와 같은 사실을 주시경은 일찍이 깨달았던 것입니다. 그래서 신학문이라고 하면 서양 오랑캐들이나 배우는 것으로 알았던 당시에, 스스로 머리를 깎고 신학문을 배우고자 했던 것입니다.

그리하여 주시경은, 남이 욕을 하든 흉을 보든 상관하지 않고 배재 학당에 입학했습니다.

주시경이 신학문을 배우고자 한 데에는 또다른 이유가 있었습니다.

그것은 서양 사람들이 우리보다 잘 산다는 사실이었습니다. 우리 국민들 모두가 잘 살기 위해서는 서양 학문을 배워야 한다고 생각했습니다.

주시경은 이제부터 스스로 돈을 벌어서 공부해야겠다고 결심했습니다. 그래서 배재 학당 안에 있는 인쇄소에서 일을 하게 되었습니다. 틈틈이 인쇄소 일을 거들어 주면서, 학당에서 가르치는 모든 학문을 열심히 배우고 익혔습니다.

한문만 배우던 주시경에게 있어서, 서양에서 들어온 새 학문은 그저 놀라울 뿐이었습니다.

지구가 둥글다는 사실도 처음 알았습니다. 지구가 태양의 주위를 돌고 있다는 사실도 매우 놀라웠습니

다. 이 지구에는 우리 나라와 비교도 할 수 없을
만큼 크고 강한 나라가 얼마든지 있다는 것도 똑똑
히 알았습니다. 산법(산수)도 배우고, 서양의 글도
배웠습니다.

　서양글을 배우면서, 주시경은 서양글도 소리나는
대로 적는 것을 원칙으로 하고 있다는 것을 알았습
니다.

　'역시 내 생각은 틀리지 않았어. 좋아, 나와 뜻을
　같이하는 친구들을 모아서 우리글을 함께 연구해
　야겠다.'

　주시경은 생각한 것을 즉시 행동에 옮겼습니다.
그래서 주시경은 배재 학당에 다니면서 '동문 동식
회(同文同式會)'라는 모임을 만들었습니다.

　이 모임은 모임의 이름에서 알 수 있듯이, 같은
글을 같은 방식으로 쓰자는 취지로 주시경과 뜻을
같이하는 사람들이 모여서 만든 모임이었습니다.

　주시경이 새로 바른 벽을 '새 벽'이라 써도, 다른
사람이 '새벽'이라 쓴다면 무슨 소용이 있겠습니까.

　'새벽'은 모든 사람들이 알고 있는 것처럼, 해 뜨
기 전의 이른 아침이라는 뜻으로 쓰여야 합니다.

　따라서 '새로 바른 벽'은 모든 사람이 '새 벽'이라

쓰고, '이른 아침'은 모든 사람이 똑같이 '새벽'이라 쓸 수 있도록, 글의 틀을 잡는 일을 하자는 모임이었습니다. 그래야 글의 뜻이 헷갈리지 않고 서로가 옳게 전달될 수 있지 않겠습니까?

그러자면 먼저 글의 뜻에 따라 바르게 적는 법부터 밝혀야 했으며, 주시경이 맨 먼저 이 일을 시작한 것입니다.

이 무렵, 주시경은 일기에 이렇게 쓰고 있습니다.

박세양·정인덕 두 선생님 밑에서 공부를 한 뒤로, 여러 문명되고 부강한 나라마다 제각기 자기 나라의 글을 씀으로써 많은 편리를 얻는다는 것을 알고, 우리 말과 글을 연구하여 우리의 문법짓기를 시작하였다.

이제야 버렸던 우리글이 되살아날 숨통을 찾았습니다. 실로 몇백 년 만의 일입니까.

포악한 연산군이 우리글을 배우지도, 가르치지도 못하게 한 뒤 400여 년이 지난 후의 일입니다.

400여 년 동안 세종 대왕께서 만들어 주신 우리글은, 언문 또는 암글이라고 해서 온갖 멸시와 천대 속에 버려졌던 것입니다.

'언문'이란 상말이라는 뜻이고, '암글'이란 여자들이 배우는 글이라 하여 낮추어 이른 말입니다.

이에 반하여 중국글인 한문은 '진서'라고 불렀습니다. '진서'란 참된 글이라는 뜻으로 이 글에 진리가 담겨 있다는 뜻이었습니다.

일찍이 세종 대왕께서 우리글을 만드실 때, 성삼문이라는 집현전 학자는 음운을 알기 위해 몇만 리나 떨어진 요동땅을 열두 번이나 다녀왔답니다. 어떻게 하면 정확하고 과학적인 우리 글을 만들 수 있을까 하고 그만큼 노력했던 것입니다.

오늘날 우리글이, 과학적인 글로서 전세계의 칭찬을 받고 있는 것도 모두가 이런 노력 때문입니다.

이런 훌륭한 우리글이 400여 년이라는 오랜 기간 동안 숨조차 쉬지 못하고 버려져 있다가, 주시경과 동문 동식회원들에 의해서 되살아날 숨통을 찾게 된 것입니다.

우리글을 연구하기 시작한 주시경은, 이처럼 훌륭한 우리글을 '언문'이니 '암글'이니 하여 낮추어 부르는 것이 도무지 마음에 들지 않았습니다. 그래서 우리글의 멋진 이름을 지어야겠다고 생각했습니다.

주시경은 우리글에 붙일 이름을 날마다 생각했습니

다. 그러던 어느 날, 좋은 생각이 떠올랐습니다.

"그렇다! 우리 민족은 예로부터 한민족이라 일컬어져 왔다. 우리말에서의 '한'은 '크다' 또는 '바르다'의 뜻이 아니던가. 그러니 우리 한민족의 글이며, 크고 바른 글이라는 뜻으로, 우리글을 '한글'이라 이름짓기로 하자."

이렇게 하여, '백성을 가르치기 위한 바른 소리'라는 뜻으로 세종 대왕이 이름지으셨던 우리글 '훈민 정음'은 언문이니, 암글이니 하여 천대받다가, 주시경에 의해서 한글이라는 훌륭한 이름을 가지게 되었던 것입니다.

주시경은 우리글에 '한글'이라는 이름을 붙이면서 다음과 같이 이야기했습니다.

첫째, 한 나라 한 겨레의 글자로서, 이 나라 이 겨레와 함께 영원히 뻗어 나갈 것이다.

둘째, 큰 글이니 남녀 노소 귀천의 구별이 없이 한 가지로 널리 쓰일 것이다.

셋째, 하나의 글이니 세계에서 으뜸가는 글이며, 또 누구에게나 한 가지로 쓰일 것이다.

넷째, 바른 글이니 모든 것이 이치에 맞도록 정리되어 모든 사람이 바르게 써야 할 것이다.

서재필과 함께

동학 농민 운동으로 어수선하던 1894년이 지나고, 또 한 해가 지났습니다.

동학 농민 운동은 동학 교도들이 주동이 되어 일으켰던 농민 운동을 말합니다.

동학 농민 운동이라고 하면 잘 모르는 어린이가 있을지 몰라도, 녹두 장군 전봉준이라면 여러분도 다 잘 알 것입니다.

새야 새야 파랑새야

녹두밭에 앉지 마라.

녹두꽃이 떨어지면

청포 장수 울고 간다.

바로 그 녹두 장군 전봉준이 대장이 되어 전라도 고부군에서 시작된 농민 운동입니다.

당시 전라도 고부 군수 조병갑이 못된 정치를 했기 때문에, 견디다 못한 동학 교도와 농민들이 분개하여 고부 관청을 습격하기에 이르렀습니다.

동학 농민군의 세력은 차츰 전국으로 퍼져, 관군의 힘으로는 도저히 막을 수 없을 정도가 되었습니다.

그래서 정부는 청나라와 일본 군대의 힘을 빌려 동학 농민군을 진압하긴 했지만, 결과적으로 청나라와 일본의 두 나라가 우리 나라에서 싸움을 하는 원인을 제공하게 되었습니다.

참으로 어수선한 세월이었습니다. 그 동안에도 주시경은 여전히 한글 연구에 몰두하였습니다.

1896년, 주시경의 나이 스무 살이 되었습니다.

이 즈음, 부모님은 주시경에게 장가를 들라고 성화를 댔습니다.

"얘야, 네 나이 벌써 스무 살인데, 어쩌려고 장가 갈 생각을 하지 않는단 말이냐?"

"아직 해야 할 공부가 너무나 많습니다. 장가 가는 일은 좀더 뒤로 미루지요."

주시경이 아무리 간곡히 말씀을 드려도, 부모님은 완강하셨습니다.

"아니다. 너 그러다가 영영 장가도 못 가 보고 몽달

귀신되기 십상이다. 그러니, 이번에는 꼭 장가를 들
도록 해라. 마침 좋은 혼처가 났구나."

"하지만 어머니, 저는 지금 하고 있는 한글 연구
도 마쳐야 하고, 또 아직 해야 할 일이 너무나 많
습니다. 그러니 장가를 가더라도 조금 후에……."

그러나 주시경의 어머니는 막무가내였습니다.

"마침 좋은 혼처도 있고 하니, 이번에는 무슨 일
이 있어도 장가를 가야 한다."

부모님의 성화에 못 이겨, 주시경은 장가를 들기로

했습니다. 아내 될 처녀는 김해 김씨 댁의 규수로,
예의바르고 얌전하다는 부모님의 말씀입니다.

짤랑짤랑, 말을 타고 장가들러 가는 길가에 조그
만 들꽃이 사랑스럽게 피어 있었습니다. 들꽃 위로
살그머니 봄바람이 다가갔다간 어디론가 가 버립니
다. 참으로 평화스러운 한낮입니다.

그렇지만 나라 안 사정은 평화스럽지 못했습니다.

일본 사람들이 우리 나라 대궐을 습격하여 명성
황후를 살해했다는 소문이 자자했습니다.

이런 어수선한 소문이 나도는 가운데, 우리 나라
에는 외국 군대가 속속 들어오고 있었습니다.

외국 사람들은 우리 나라 정치에 참견을 하려고
들었습니다. 특히 일본 사람들은, 걸핏하면 핑계를
만들어 우리 임금님(고종)을 못살게 굴었습니다.

이 해에 주시경은 정부에서 학비를 대 주는 관비
생으로 뽑혀 인천에 있는 '관립 이운 학교'에서 항
해술을 배우다가, 이운 학교가 문을 닫게 되자 다시
배재 학당으로 돌아왔습니다.

그 무렵, 배재 학당에는 서재필이라는 아주 훌륭
한 선생님이 계셨습니다.

1884년, 서재필은 우리 나라를 더욱 문명되고 힘
센 나라로 만들기 위해, 김옥균 등과 갑신정변을 일
으켰습니다.

그러나 그 일이 실패로 돌아가자, 일본으로 건너
갔다가 다시 미국으로 갔습니다.

서재필은 미국에서 온갖 고생을 하면서도 열심히
공부하여, 마침내 박사가 되어 귀국했습니다.

서재필은, 자신이 미국에서 직접 보고 듣고 배운
모든 것들을 널리 백성에게 가르쳐 주고 싶었습니다.
우리 나라 백성들을 깨우쳐 놓아야 나라가 발전할

것임에 틀림없기 때문입니다.

서재필은 생각했습니다.

'내가 해야 할 일은, 어리석은 백성들을 깨우치는 일이다. 나라의 주인은 백성들이다. 백성들에 의해서 백성들을 위한 정치가 행해질 때, 우리 나라는 진실로 문명되고 부강한 나라가 될 것이다.'

늘 이런 생각을 하고, 또 그 생각을 학생들에게도 일러 온 서재필은, 배재 학당의 많은 학생들 가운데에서도 특히 주시경을 아끼고 사랑했습니다.

"한글을 연구하는 일은 참으로 장한 일이네. 암, 우리글은 우리 민족에게 있어서는 우리의 혼과 같은 것이지. 우리는 누구나 쉽게 배워 쓸 수 있는 한글을 만백성에게 가르쳐 주어야 해. 우리 백성들 중에 한문을 잘 하는 사람이 몇이나 되는가."

서재필은 주시경에게 또 이렇게 말했습니다.

"우리 나라의 자주 독립이 흔들리고 있어. 아무래도 정세 돌아가는 꼴이 심상치 않네. 백성들에게 독립심을 길러 주는 일이 급해. 그러기 위해서는 한글을 연구하고 가르치는 일이 매우 중요하지."

서재필은 주시경에게 한글 연구와 아울러 민주주의 정치에 대해서도 연구해 보기를 권했습니다.

왕명에 의해 나라가 다스려지던 방식에 익숙해져 있던 그 당시 사람들에게 민주주의란 아주 생소한 정치 방법이었습니다.

미국에서 새로운 학문과 정치 방법을 많이 배워 가지고 돌아온 서재필 박사를 위시한 몇몇 뛰어난 사람들만이 '민주주의'라는 정치 방법의 좋은 점을 알고 있었던 것입니다.

서재필 박사의 권고에 의해 주시경은 몇몇 뜻을 같이하는 학생들과 '협성회'라는 학생 단체를 조직 했습니다. 민주주의를 연구하고, 올바르게 정치하는 법을 배우자는 모임이었습니다.

회장으로는 양홍묵이라는 분이 추대되었습니다. 주시경은 협성회의 〈협성 회보〉를 편집하는 아주 중요한 일을 맡았습니다.

이 무렵, 서재필 박사는 우리 나라를 하나의 독립국으로서 튼튼한 나라로 만들기 위해서는, 무엇보다도 신문이 있어야 한다는 생각을 하게 되었습니다.

그것도 한문으로 씌어진 어려운 신문이 아니라, 순수한 한글로 씌어져 모든 백성들이 쉽게 읽을 수 있는 신문을 만들어야겠다고 생각했습니다.

그렇지만 신문을 만들려면 돈이 많이 있어야 했습니다. 그 때 우리 나라에는 신문을 인쇄할 수 있는 인쇄기가 없었으므로, 제일 먼저 인쇄기부터 외국에서 사들여 오지 않으면 안 되었습니다.

서재필은 생각다 못해, 당시 내무 대신(지금의 내무부 장관)이던 유길준을 찾아갔습니다.

유길준이라는 사람은 일찍이 유럽 여러 나라를 돌아본 일도 있었으므로, 상당히 진보된 생각을 가지고 있었습니다.

그런 유길준을 서재필이 찾아갔던 것입니다.

유길준은 서재필을 반갑게 맞아 주었습니다.

"여어, 서재필 박사 ! 참으로 귀한 걸음을 하셨소이

다그려. 그래, 요즈음 하시는 일은 잘 되십니까?"

"덕분에 잘 되고 있습니다. 대신께서도 건강해 보이십니다. 그런데 실은 대신께 의논드리고 싶은 일이 있어서 찾아왔습니다."

"의논할 거라니, 서 박사께서 내게 의논할 일이 다 있습니까?"

"사실은 신문을 만들려고 합니다. 외국의 문명이 발달한 여러 나라들은, 모두 자기네 글로 된 신문을 가지고 있지 않습니까? 신문의 힘은 참으로 큰 것이라고 느꼈습니다. 정치를 올바르게 이끄는 데에 신문만큼 강한 무기가 없는 듯합니다."

"옳은 말씀이오. 국민들을 이끄는 데에도 신문만큼 좋은 것이 없지요."

유길준 내무 대신은 서재필 박사의 생각에 전적으로 찬성했습니다.

"좋소이다. 내가 정부 예산에서 5,000원을 내어 드리기로 하겠소. 5,000원이면 신문사를 차릴 수 있겠지요?"

"아니, 정말이십니까? 일이 너무나 쉽게 해결되니, 오히려 믿기질 않습니다."

당시 좋은 기와집 한 채가 기껏해야 몇백 원하던

시절이었습니다. 그러니 5,000원이면 어마어마하게 큰돈이었습니다. 그렇게 큰돈을, 유길준 내무 대신이 내놓겠다니, 서 박사가 믿기지 않은 것도 무리는 아니었습니다.

서재필은 유길준을 만나고 온 뒤로, 신문사 차릴 준비로 바쁘게 돌아다녔습니다.

신문사로 쓸 장소는 미국 공사관 뒤에 있는 정부 소유의 빈 집을 세로 얻었습니다.

그리고 인쇄 기계를 미국에 주문하였습니다.

그렇게 신문사 차리는 일로 한창 바쁠 무렵, 뜻하지 않은 일로 내각이 무너지면서 유길준이 일본으로 망명을 가고 말았습니다.

서재필은 하늘이 무너지는 듯했습니다. 그렇지만 실망하고 앉아 있을 수만은 없는 노릇이었습니다.

서재필은 새 총리 대신이 된 박정양이라는 사람을 찾아갔습니다. 뜻밖에도 박정양 역시 신문이 얼마나 필요한가를 잘 알고 있는 사람이었습니다.

그래서 신문사 차릴 돈 5,000원은, 박정양 총리 대신에 의해서 서재필에게로 전해졌습니다.

며칠 후면 인쇄 기계가 들어오는 날입니다.

서재필은 주시경을 자기 집으로 불렀습니다.

"오, 어서 오게. 자네는 요즘도 한글 연구에 전심
전력을 다 하고 있는가?"

"예, 선생님. 열심히 하고 있습니다."

"그래? 내 자네에게 부탁할 게 있어서 불렀네."

"부탁이시라니요. 제게 무슨 부탁을…… ?"

"음, 자네의 한글 지식을 좀 빌려야겠어. 자네도
소문을 들어 알고 있겠지만, 신문을 발간하기로
했다네. 한글로 된 신문을 말이야. 자네가 그 일을
좀 도와 주었으면 해서……."

"예, 선생님! 도와 드리고말고요."

주시경은 너무나 기뻤습니다. 이제야말로 나라를
위해서 보람된 일을 할 수 있게 되었다는 생각에 마
구 가슴이 뛰었습니다.

"그런데 선생님, 신문 이름은 무엇으로 하실 생각
이십니까?"

"응, 신문 이름은 〈독립 신문〉이라 하기로 했어.
모두 네 면으로 할 작정인데, 세 면은 한글로 하
고, 한 면은 외국 사람들도 볼 수 있게 영어로 할
생각이네."

이렇게 하여, 주시경은 독립 신문사에서 회계 겸
교정원으로 일하게 되었습니다.

교정원이란 맞춤법과 틀린 글자를 바로잡는 사람을 말합니다.

1896년 4월 7일, 마침내 이 땅에 문명을 밝히는 큰 횃불이, 서재필과 주시경에 의해 올려졌습니다.

우리의 자랑스러운 신문인 〈독립 신문〉이 첫선을 보인 것입니다.

〈독립 신문〉은 서재필의 처음 의도대로, 세 면은 완전히 한글로 씌어졌고, 한 면은 '디 인디펜던트'라는 제호 아래 영어로 씌어졌습니다.

디 인디펜던트란 영어로 'The Independent'라고 쓰는데, 역시 '독립'이라는 뜻입니다.

이렇게 해서 첫선을 보인 〈독립 신문〉은 알기 쉬운 한글로 씌어져, 우리 백성들에게 자주 독립 사상을 불어 넣어 주었습니다.

뿐만 아니라, 〈독립 신문〉은 주시경의 한글 연구에도 많은 도움이 되었습니다.

실제로 신문을 엮어 가다 보니, 한글에 대한 여러 가지 새로운 문제점들이 많이 발견되었습니다. 그럴 때마다 주시경은, 한글의 새로운 법칙을 찾아 내기 위해 더욱더 열심히 연구하였습니다.

'독립 협회' 간부가 되어

처음에는 300부밖에 팔리지 않던 신문이 곧 500부, 나중에는 3,000부나 팔리게 되었습니다. 그래서 처음에는 일 주일에 세 번씩 발행했지만, 나중에는 하루에 한 번씩 발행하는 일간지로 바뀌었습니다.

이것만 보아도, 〈독립 신문〉이 얼마나 백성들의 환영을 받았는지 짐작할 수 있습니다.

그러나 서재필은, 신문만 가지고는 힘 없고 순진하기만 한 백성들에게 자주 독립에 대한 강한 신념을 일깨워 줄 수 없을 것이라는 생각이 들었습니다.

그래서 서재필은, 널리 나라 안에 자주 독립 의식을 북돋우기 위해서 또 한 가지 큰일을 생각해 냈습니다. 그것은 영은문을 헐어 버리고 그 자리에다 독립문을 세우는 일이었습니다.

영은문은 청나라 사신을 맞이하기 위해서 서대문 밖에 세워진 문이었는데, 이 문을 헐어 버린 뒤 독립문을 세우고, 그 부근 일대를 독립 공원으로 만들어야겠다는 것이었습니다.

독립문을 세우는 일은 '독립 협회'가 앞장 서서 추진하였습니다.

독립 협회는 1896년 7월에 서재필을 중심으로 이상재·윤치호·이채연·이승만·주시경 등이 뜻을 모아 조직하게 되었습니다.

옛날에 중국 사신이 오면 잔치를 베풀어 주던 모화관을 고쳐 독립 회관이라 하여 본부로 삼고, 그 곳에서 토론회와 강연회를 열었습니다.

강연회가 열릴 때마다, 주시경은 청중들에게 이와 같이 호소했습니다.

"우리는 우리 나라를 자주 독립의 발전된 국가로 만들어야 합니다. 그러기 위해서는 국민들의 머리가 깨어야 하고, 자유와 평등이 무엇인지를 분명히 알아야 합니다. 또 외국의 침략으로부터 나라를 지키기 위해서는, 국민의 자주 정신이 투철해야 합니다. 또한 자유와 독립을 누리기 위해서는, 우리 스스로가 권리와 이익을 찾아야 합니다."

독립 협회에서는 독립문을 세우기 위한 성금을 모으기로 했습니다.

〈독립 신문〉에 광고가 나가자, 많은 사람들이 앞을 다투어 성금을 보내 왔습니다. 이제 영은문을 헐고 독립문을 세우는 일만 남았습니다.

영은문이란 앞에서 말했던 것처럼 옛날에 중국의 사신을 맞이하기 위해서 세워진 문으로, 그 이름은 '은혜를 맞이한다'라는 뜻을 가지고 있습니다.

다시 말하면 중국 임금님의 은혜로 우리 나라에 사신이 오게 되었다는 것을 뜻합니다. 이는, 우리 나라가 중국의 속국임을 말해 주는 것이 아니고 무엇이겠습니까. 그래서 독립 협회에서는, 영은문을 헐고 그 자리에, 우리의 자주 독립을 상징하는 독립문을 세우기로 한 것이랍니다.

독립문은 프랑스 파리에 있는 개선문을 본떠 설계된 것으로, 당시 도이칠란트 공사관에 근무하던 스위스 사람이 설계를 맡았습니다.

이 설계도를 가지고 직접 독립문을 지은 사람은, 서양 건축가 밑에서 일하던 심씨라는 목수였다고 합니다. 이리하여 서대문 밖에 독립문이 세워지게 되었습니다.

그 독립문은 100여 년이 지난 오늘날까지도 비바람과 눈보라 속에 우뚝 솟아,

"우리는 자주 독립국의 백성이다! 자주 독립만이 우리의 살길이다!"

라고 큰 소리로 외치고 있는 듯합니다.

주시경을 비롯한 독립 협회의 회원들은, 벼슬아치들의 잘못을 비판하고, 바른 정치를 소리 높여 요구했습니다.

나라의 벼슬아치들이 옳지 못한 일을 하면, 그에 대한 비판이 곧 〈독립 신문〉에 실렸습니다.

백성들은 이와 같은 일을 하는 독립 협회와 〈독립

신문〉이 여간 고맙고 반가운 게 아니었습니다.

나날이 독립 협회에 회원으로 들어오려는 사람들이 늘어 갔습니다.

따라서 독립 협회의 힘은 그만큼 커졌습니다.

그러자 그릇된 정치를 하던 벼슬아치들은 은근히 겁이 났습니다.

그들은 어떻게 해서든지 독립 협회를 없앨 궁리를 했습니다.

"이러다간 아무래도 큰일이 나겠어. 그 독립 협회인가 뭔가 하는 것 말일세. 어떻게든 손을 써야지, 가만 있으면 우리가 위험하겠어."

"맞아. 모일 때마다 우리를 비판해 대니 어디 견딜 수가 있어야지."

"여러 말 할 것 없네. 일찌감치 아무 소리 못 하도록 꽉 눌러 버리세."

"아무렴, 뭐니뭐니 해도 미리 눌러 버리는 게 제일 좋은 수라니까."

못된 벼슬아치들은 독립 협회에 맞서 활동하기 위한 모임을 하나 만들기로 했습니다. 그래서 생겨난 것이 '황국 협회'입니다.

황국 협회는 길영수·홍종우 등이 중심이 되어 구

성된 일종의 폭력 단체로서, 그 아래에 수많은 '보
부상'들이 연결되어 있었습니다.

보부상이란 봇짐 장수를 이르는 말입니다. 이들은
이 장터에서 저 장터로 물건을 팔러 다니는 사람들
이었는데, 그런 만큼 힘도 세고 조직도 탄탄했습니
다. 그런 사람들이 황국 협회의 지시에 의해서 독립
협회 회원들을 못살게 굴었으니, 독립 협회는 견딜
재간이 없었습니다.

독립 협회에서 주최하는 연설회라든가 모임 장소
에는, 어김없이 이 사람들이 나타났습니다. 그것도
그냥 나타나는 게 아니라, 손에 손에 몽둥이를 들고
떼를 지어 몰려와서는 난동을 부렸습니다.

독립 협회 사무실은 수라장이 되었습니다. 험상궂
게 생긴 사람들이 몽둥이를 들고 우르르 몰려와, 다
짜고짜로 때려부수는 것이었습니다.

"이것저것 생각할 것 없다. 무조건 닥치는 대로
때려부숴라!"

'우지끈 뚝딱! 쿵!'

책상이 박살나고, '쨍그랑' 유리창이 깨졌습니다.

"어이쿠!"

함부로 휘두르는 몽둥이에 맞아, 사람들까지 마

구 쓰러졌습니다.

독립 협회 회원들은, 분통이 터질 노릇이었지만 일단 피할 수밖에 없었습니다.

그런데 이 일은 아무것도 아니었습니다. 조정에서는 더 큰일이 벌어지고 있었습니다.

못된 벼슬아치들은, 독립 협회의 본부를 때려부수는 일로는 마음이 놓이지 않았습니다. 그래서 독립 협회의 최고 고문인 서재필을 나라에서 쫓아 내기로 마음먹었던 것입니다.

그들은 서재필을 위시하여 독립 협회 회원들이 역적 모의를 했다는 글을 써서 독립문에 붙였습니다. 그리고 임금님께도 글을 써서 바쳤습니다.

'요즈음 독립 협회에서 임금님을 내칠 궁리를 하고 있사옵니다. 참으로 무엄한 자들이오니, 임금님께서는 이들을 잡아들여 엄히 벌하시기 바랍니다.'

그 무렵, 고종은 연호를 '광무'라 고치고, 나라 이름을 '대한 제국'이라 했습니다. 그리고 1897년 10월 12일에는 황제로서 즉위식을 가져, 겉으로는 자주 독립 국가의 모습을 갖추는 듯했습니다.

그렇지만 실제로, 나라 힘은 약하기 짝이 없었습니다. 여전히 나라 정치는 많은 것을 외국의 세력에 의지하고 있었습니다.

정치면에서는 외국인 고문이, 군사면에서는 외국
인 교관이 들어와 있었고, 광산과 철도의 권리를 외
국인에게 허락했습니다. 이처럼 우리 나라는, 정치
적·경제적으로 외국의 침략을 받고 있었습니다.

이러한 때에 나라의 자주 독립을 이루고자 애쓰는
우리의 독립 협회를 없애려고 폭력을 쓰고, 그것도
모자라 임금님께 거짓말로 고한 나쁜 조정의 대신들
이 있었던 것입니다.

참으로 답답할 노릇이었습니다.

임금님은 화가 나서, 독립 협회의 간부들을 잡아
들이라고 명령했습니다.

경찰에서는 곧 독립 협회 지도자 몇 사람을 붙들
어 갔습니다.

"이렇게 억울할 데가 어디 있는가! 바른 정치를
하자고 외친 회원들에게 무슨 죄가 있단 말인가."

"그래. 우리에게 죄가 있다면, 그것은 나라를 위해
일한 죄밖에 없네. 그런 우리를 어쩌자고 이리도
못살게 군단 말인가."

이승만·이갑·이동녕 등의 여러

회원들이 분통을 터뜨렸습니다.

그 때, 곁에 있던 주시경이 말했습니다.

"우선 연설회를 열도록 합시다. 온 백성들에게 우리의 억울함을 알려야 합니다. 그런 다음에, 평리원(지금의 재판소)에 가서 밝힐 것을 밝힙시다."

모두들 주시경의 의견에 찬성했습니다.

이렇게 해서 1898년 2월 9일, 독립 협회는 종로 네거리에서 '만민 공동회'라는 민중 대회를 개최하여 정부가 저지른 잘못을 하나하나 들추어 내어 당장 시정할 것을 주장했습니다.

"우리 독립 협회는 오로지 나라를 위해서 일해 왔습니다. 그런 우리 협회의 간부들을, 역적 모의를 했다는 누명을 씌워 잡아 간다는 것은 말도 되지 않습니다. 나라야 망하든 말든 자기만 잘 살면 그만이라는 생각을 가진 못된 벼슬아치들은 물러나야 합니다!"

"옳소! 못된 벼슬아치들은 물러나야 합니다!"

"죄 없이 잡혀 간 독립 협회의 간부들을 풀어 주어야 합니다!"

구름처럼 몰려든 군중이 소리쳤습니다.

홍분한 군중은, 주시경을 위시한 독립 협회 회원들

의 뒤를 따라 평리원에까지 갔습니다.

평리원 앞에서 큰 시위가 벌어졌습니다.

"독립 협회의 간부들을 풀어 주시오!"

"독립 협회 본부를 습격한 자들을 찾아 내어 처벌하시오!"

백성들의 시위와 공격이 격화되자, 못된 조정 대신들은 크게 당황했습니다.

"이크, 이거 안 되겠는걸. 일단 구속한 독립 협회의 간부들을 석방시킨 후에 다른 방법을 찾아봐야겠어."

"그래, 그렇게 하는 것이 좋겠어."

　백성들의 진실한 외침에 힘입어 마침내 독립 협회의 간부들은 풀려났습니다.

　그렇다고 일이 끝난 것은 아니었습니다. 못된 벼슬아치들은, 독립 협회의 최고 지도자인 서재필을 나라 밖으로 쫓아 내기 위해 온갖 궁리를 다했던 것입니다.

　결국 교활한 벼슬아치들에 의해 독립 협회의 최고 지도자인 서재필 박사는 우리 나라에서 떠나지 않으면 안 되게 되었습니다.

　진정으로 나라를 위해 일해 왔던 사람이 쫓겨가야 하는 이 땅의 앞날이 걱정스러웠습니다. 그렇지만 아직 이 땅에는 주시경을 위시한 이상재·남궁억 같은 애국자가 남아 있었습니다.

　서재필이 미국으로 떠나기 전날, 주시경은 이상재와 남궁억, 그리고 그 밖의 몇몇 동지들과 함께 서재필을 찾아갔습니다.

　"이 나라의 앞날이 참으로 걱정스럽구려. 나는 할 일을 다 못하고 쫓겨가지만, 이 땅에 남은 여러분들은 부디 뜻을 굽히지 말고 애써 주십시오."

　"말씀을 명심하겠습니다."

　"〈독립 신문〉을 잘 지켜 주시오. 그리고 특별히 주

시경에게 부탁하고 싶은데……."

"예, 무엇이든 말씀하십시오."

"자네는 한글을 쭉 연구해 왔으니, 〈독립 신문〉을 맡아 주어야겠네. 아무쪼록 잘 사는 나라, 잘 사는 백성으로 만들어 주기 바라네."

주시경의 손을 잡은 서재필 박사의 손이 뜨거웠습니다.

꺼지지 않는 불길처럼 타오르는 나라 사랑하는 마음을 고이 간직한 채 나라를 떠나야 하는 서재필이었습니다.

서재필의 가슴도, 그의 앞에 나란히 앉은 주시경과 동지들의 가슴도 통분으로 미어졌습니다.

배를 타고 조국을 떠나는 서재필을 배웅하고 돌아오는 날, 금방이라도 비가 쏟아질 듯이 하늘이 흐려 있었습니다.

어찌 하늘도 슬프지 않겠습니까.

'선생님의 뜻을 받들어, 나는 이 나라의 자주 독립을 위해 온 힘을 다해야 한다. 그리고 목숨을 걸고서라도 〈독립 신문〉을 지켜야 한다.'

주시경은 다짐하고 또 다짐했습니다.

꺼질 줄 모르는 애국심

가슴 깊이 사랑하는 조국을 안고 서재필이 떠난 후, 윤치호·주시경을 비롯한 독립 협회 회원들은 더욱 굳게 뭉쳤습니다.

새로운 문화를 받아들여 열심히 익히는 한편, 정치를 잘못하는 대신이 있으면 그 잘못을 공개하고 비판하였습니다.

이 무렵, 나라의 대신들은 '수구파'라고 하는, 진보적인 것은 외면하고 낡은 제도나 습관만을 따르려는 진부한 정치를 하고 있었습니다.

그러니 독립 협회에서 하는 일이 그들의 마음에 들 리가 없었습니다.

게다가 걸핏하면 정치를 잘 했느니 못 했느니 떠들어대니 독립 협회가 눈엣가시였습니다.

대신들은 아무래도 독립 협회를 해산시켜야겠다고 마음먹었습니다.

"저들을 그냥 놔 두면 안 되겠네. 일마다 우리를 반대하고 나서니, 더이상은 참을 수 없네."

"암, 구실을 만들어서라도 그자들을 제거해야 해. 한 나라의 대신이라는 우리가, 그들 때문에 다리를 펴고 잠을 못 잔대서야 말이 되나?"

"옳아! 그 〈독립 신문〉인가 뭔가 하는 것도 없애 버리자고!"

"맞습니다. 〈독립 신문〉을 도맡아서 발간해 내는 주시경이라는 사람 있잖습니까. 그가 특히 극성스럽습니다. 아, 또 있어요. 윤치호라는 독립 협회 회장!"

"흠, 좋아! 그들만 없애면 독립 협회와 〈독립 신문〉은 저절로 이 땅에서 사라지겠군그래."

대신들은 모이기만 하면, 주시경과 윤치호를 없앨 궁리를 했습니다.

"전에 독립 협회 본부를 때려부순 사람들을 불러다가 다시 한 번 박살을 낼까?"

"아니, 그렇게까지 할 필요없습니다. 힘센 사람 몇만 있으면 됩니다. 윤치호와 주시경을 쥐도 새도 모르게 없애 버리는 겁니다."

"옳지, 그렇게 해야겠군."

대신들은 때를 보아 주시경과 윤치호를 없애기로 하고, 그 준비를 은밀히 서둘렀습니다.

그렇지만 낮말은 새가 듣고 밤말은 쥐가 듣는다고 했습니다.

대신들이 아무리 은밀히 준비를 해도, 소문은 입에서 입으로 퍼져 나갔습니다.

"아무래도 대신들의 행동 거지가 수상해. 무엇인가 일을 꾸미고 있는 게 분명해."

"그래, 나도 소문을 들었어. 주시경 선생과 윤치호 선생을 쥐도 새도 모르게 없애려 한다는군."

"그렇다면 큰일 아닌가. 주시경 선생과 윤치호 선생을 구해야 하네. 그분들의 애국심을 모르는 사람이 이 땅에 누가 있는가?"

"빨리 손을 써야겠어."

대신들의 생각을 알아챈 독립 협회와 다른 회원들이 윤치호와 주시경을 피신시키려 했습니다.

"대신들이 엉뚱한 짓을 저지르려 하고 있습니다. 두 분께서는 피하셔야 합니다."

"이 사람들, 우리가 왜 피해야 하나? 우리가 무슨

죄를 지었는가?"

"죄를 지으시다니요. 두 분께서는 오로지 나라와 백성을 위해 일하셨습니다. 하지만 세상이 어지러워서, 소인배들이 권력을 휘두르고 있습니다. 제발 피하셔야 합니다. 목숨이 위태로우십니다."

"목숨이야 이미 내놓은 것, 어찌 죽는 것을 두려워하겠나."

"아닙니다. 두 분께서는 절대로 돌아가시면 안 됩니다. 오래 사셔서 이 나라를 위해 일하셔야 합니다. 지금 저들 손에 돌아가시는 것은 개죽음일 뿐입니다. 그러니 제발……."

회원들의 간청에 못 이겨 주시경과 윤치호는 피신하기로 했습니다. 그렇습니다. 개죽음은 너무나도 억울합니다. 지금 이 나라는 사자굴에 버려진 양처럼 위태로운 지경에 빠져 있습니다.

나라 문을 꼭꼭 닫고 있다가, 힘센 외국에 의해 강제로 문이 열려진 지 얼마 되지 않았습니다. 그 문으로 여러 나라의 문화가 거센 파도처럼 밀려들어, 무지한 백성들이 헷갈리고 있었습니다. 게다가 그들은 노골적으로 우리 나라를 침략하기 시작했습니다. 경제적으로, 정치적으로, 그리고 정신적으로.

이러한 소용돌이 속에서 누가 이 나라, 이 백성을 보호하겠습니까.

며칠 후 새벽, 인적 없는 거리의 어둠을 뚫고 두 대의 인력거가 달리고 있었습니다.

인력거는 영국 공사관 앞에 멈추었습니다.

인력거에서 내린 두 사람은, 영국 병사의 안내를 받아 안으로 들어갔습니다. 영국 공사가 두 사람을 반갑게 맞았습니다.

"잘 오셨습니다. 이 곳은 어떤 사람도 제 허락 없이는 들어오지 못하니, 안심하시고 푹 쉬시도록 하십시오."

인력거를 타고 온 두 사람은 바로 주시경과 윤치호였습니다.

그 당시에도 요즈음처럼, 나라와 나라 사이에는 지켜야 할 예절과 법이 있었습니다. 그래서 외국 공사관에는, 공사의 허락 없이는 어느 누구도 마음대로 드나들 수 없었습니다.

아무리 큰 죄인이라 하더라도, 그 죄인이 외국 공사관으로 도망쳐 들어가면, 공사가 잡아 주기 전에는 경찰이 함부로 들어가 잡을 수 없었던 것입니다.

다른 나라에 있는 우리 나라의 공사관도 역시 마

찬가지입니다. 우리 나라 공사의 허락 없이는, 아무나 마구 들어갈 수 없는 것입니다.

그러니, 대신들이 아무리 윤치호와 주시경을 잡고 싶어도, 영국 공사관에 피해 있는 이상 잡을 수가 없었습니다.

주시경과 윤치호는 영국 공사관의 보호를 받으면서 십여 일 가량 몸을 피하고 있었습니다.

그러던 어느 날, 독립 협회 회원으로부터 연락이 왔습니다.

"두 분께서 영국 공사관에 피하신 것을 알고, 그들은 두 분 체포하는 일을 포기한 것 같습니다."

이런 연락을 받자, 주시경과 윤치호는 얼른 영국 공사관에서 나가 다시 일을 하고 싶어졌습니다. 할 일이 너무나 많았습니다. 〈독립 신문〉이 어떻게 되어 가고 있는지 궁금하기도 했습니다.

어렸을 때부터 '어서 커라. 어서 커라. 할 일이 있으니 어서 커라.'고 노래부르던 주시경이 아닙니까.

"대신들이 우리 잡는 일을 체념한 듯하다 하니, 한시라도 빨리 나가서 일을 계속해야지요."

주시경의 말에, 기다렸다는 듯이 윤치호가 대답했습니다.

"아무렴, 빨리 나가서 일을 해야 하고말고요."

두 사람은 영국 공사에게 고마웠다는 인사를 하고 공사관에서 나왔습니다.

피신해 있던 기간은 겨우 열흘 남짓이었지만, 그들에게는 참으로 오랜 세월이 지난 것처럼 느껴졌습니다.

"허허, 서울 거리는 여전하군요. 마치 몇 년이나 이 거리를 못 본 듯해요."

"그렇군요. 자, 우리는 할 일이 많습니다."

주시경은 곧바로 신문사로 달려갔습니다. 주시경을 기다리고 있는 일들이 너무나 많았습니다.

주시경은 계속해서 〈독립 신문〉을 내는 한편, 군중을 모아 놓고 연설회를 가졌습니다.

"여러분, 우리가 우리의 권리와 이익을 빼앗기지 않으려면 새로운 것을 받아들여 배우고 익혀야 합니다. 그러면서도 우리의 것을 단단히 지켜, 자주 독립 정신을 잃지 않도록 해야 합니다.

물밀듯이 밀려오는 발전된 문명 속에 빠져 허우적거리다가는, 나라를 잃는 불행한 백성이 되고 맙니다. 새로운 문화를 받아들여 배우고 우리 것을 지키고 발전시키는 백성이 되어야 합니다.

　그런데 정부의 대신들은, 나라일을 생각하기 전에 먼저 자신들의 이익에 눈이 어두워 일을 그르치고 있습니다. 사리 사욕을 채우기 위해서 나라를 망치려 하고 있습니다. 대신들은 스스로의 잘못을 반성해야 합니다!"

　"옳소! 썩어빠진 대신들은 물러가라!"

　무능하고 사리 사욕에 눈이 어두운 대신들을 비판하는 소리가 민중들 사이에 높아져 갔습니다.

　그러니, 대신들이 가만히 있을 리 없었습니다. 그들은 앞뒤 잴 것 없이 경찰에 명령을 내렸습니다.

"주시경을 잡아라!"

경찰들이 눈에 불을 켜고 주시경을 찾았습니다.
주시경은 어쩔 수 없이 또 피신해야만 했습니다.

캄캄한 밤, 주시경은 아무도 몰래 서울을 빠져 나
왔습니다. 북쪽으로 향하는 주시경의 발걸음은 무거
웠습니다.

"조국이 내게 할 일을 맡겼는데, 나는 그 일을 하
지 못하고 이렇게 피해 다녀야 하다니……."

착잡한 심정의 주시경을 덜렁봉이 반갑게 맞아 주
었습니다.

주시경은 어려서 살던 황해도 봉산군 쌍산면으로 몸을 피해 간 것입니다. 예전이나 이제나 덜렁봉은 여전히 똑같은 모습으로 우뚝 서 있었습니다.

가시덤불에 찔리고 엎어지면서도 기를 쓰고 올랐던 덜렁봉. 하늘을 만져 보려고 덜렁봉에 올랐지만, 하늘이 다시 성큼 물러나 만질 수 없었던 어린 시절이 생각났습니다.

주시경은 무릉골의 집으로 가지 않고, 쌍산면의 큰누님 댁으로 들어섰습니다.

"아니, 상호 아니냐! 어서 오너라."

큰누님은 벌써 주시경이 몸을 피해 왔다는 것을 눈치채고 있었습니다.

"이왕 왔으니, 몸도 마음도 푹 쉬었다 가렴. 여기는 아무 일도 없을 게다."

그 후, 주시경은 산에 올라 나무를 하기도 하고, 밭일도 거들면서 석 달을 누님 집에서 보냈습니다. 물론 여전히 한글 연구는 쉬지 않았습니다.

그렇게 석 달이 지나자, 서울의 동지들에게서 기별이 왔습니다. 이제 올라와도 괜찮을 것 같다는 전갈이었습니다.

"누님, 그 동안 신세를 많이 졌습니다. 이제 가 보아야겠어요."

"그러렴. 아무쪼록 몸조심하고……."

누님은 동구 밖까지 따라나오면서, 몸조심하라고 신신당부했습니다.

주시경은 다시 서울에 올라왔습니다.

그러나 독립 협회 일은 더 이상 계속할 수가 없게 되었습니다.

임금님께서 특사령(특별히 용서한다는 명령)을 내린 대신, 독립 협회를 해산시켜 버렸기 때문입니다.

이것이 1899년 초의 일이었습니다.

주 보따리 두루때글

앞에서 이야기한 것처럼, 주시경이 맨 처음 배재 학당에 들어간 것은 1894 년, 그러니까 주시경이 열여덟 살 되던 해였습니다. 그 때에는 특별과인 만국 지지(세계 지리·역사)과에 입학했습니다. 그리고 이 듬해에 관립 이운 학교 장학생으로 뽑혀 항해술을 배웠습니다. 그러다가 관립 이운 학교가 문을 닫게 되어 배재 학당으로 돌아와서 1898 년 6 월에 졸업하고, 다시 곧바로 보통과 4 학년에 입학했습니다.

만국 지지과에서 주시경은 세계의 역사와 지리를 배우고, 보통과에서는 주로 영어를 배웠습니다.

주시경이 영어를 배운 것은, 영어 낱글자의 성질이 우리 한글의 낱글자와 비슷한 데다가, 영문법의 설명이 우리 한글에도 적용될 수 있다는 것을 깨달았기 때문입니다. 따라서, 영문법 연구는 우리 한글 문법의 연구에 크게 도움이 될 것 같았습니다.

주시경은 밤 늦도록 희미한 등잔불 아래서 한글 연구에 몰두했습니다.

그리하여 우리 나라 국어학 연구에 금자탑이 된 《국어 문전 음학》과 《대한 국어 문법》의 원고가 이 당시에 만들어졌던 것입니다.

주시경이 배재 학당의 보통과를 졸업한 것은 1900 년 6 월이었습니다.

그러나 주시경은 그 후로도 서울 홍화 학교에서 측량술을 배우기도 하고, 이화 학당의 영국인 의사에게서 영어와 의학을 배우면서 우리말을 가르쳐 주기도 했습니다. 또, 외국어 학교에 다니면서 일본어와 중국어 강의를 듣기도 했습니다.

뿐만이 아닙니다. 정리사에서 수학과 물리학을 공부하는 한편, 혼자서 식물학·기계학·종교학까지도 공부했습니다.

이처럼 주시경은 학문에 대한 열의가 대단히 많은 사람이었습니다.

또한 그는 한번 마음먹은 것은 반드시 이루고야 마는 집념이 강한 성품이었습니다.

주시경은 공부를 하거나 일을 할 때에는 낮과 밤을 가리지 않고 열심히 하였습니다.

주시경은 이렇게 모든 학문을 배우고 익혔는데, 그것들은 모두 우리 한글을 보다 더 깊이 연구하기 위한 수단이 되었습니다.

주시경은 그동안 연구한 한글을 널리 백성들에게 가르쳐야겠다는 결심을 굳혔습니다.

이제 주시경의 이름은 모르는 사람이 없을 정도로 유명해졌습니다. 따라서 모든 사람으로부터 많은 존경을 받았습니다.

서울의 모든 학교에서 국어 시간을 두게 된 것이 이 무렵입니다.

주시경은 더욱 바빠지게 되었습니다.

그도 그럴 것이, 국어를 가르칠 만한 선생님이 주시경 말고는 없었기 때문입니다.

주시경은 발바닥이 부르트도록, 이 학교에서 저 학교로 뛰어다니면서 학생들에게 국어를 가르쳤습니다.

이렇게 밤낮없이 뛰다보니 건강이 매우 나빠졌습니다. 그래도 국어를 가르쳐 달라는 부탁이 들어오면, 어디를 막론하고 달려갔습니다.

지금으로부터 90여 년 전인 1900년경의 일입니다. 요즘 같은 국어 교과서가 있을 리 없고, 모양 좋고 편리한 가방이 있을 리 없었습니다.

그래서 주시경은 학생들에게 가르칠 교재를 몸소 써서 등사기에 밀어 가지고는, 자신이 보는 책과 함께 보자기에 싸 가지고 다녔습니다.

한 학교에서 가르치는 일이 끝나면, 주시경은 서둘러 책을 보자기에 쌉니다. 그리고는 숨이 턱에 닿게 다른 학교로 가서 책 보따리를 풀고, 가르치는 일이 끝나면 또 책 보따리를 쌉니다.

그래서 '주 보따리'라는 별명이 붙은 것입니다.

주 보따리라는 별명 말고도 주시경에게는 또 하나의 별명이 있었습니다.

예나 지금이나 학생들 중에는 짓궂은 학생들이 있게 마련인 모양입니다.

주시경이 교문을 들어서는 것이 보이면, 짓궂은 녀석들이 소리칩니다.

"야, 주 보따리 선생님 오신다!"

그러면 옆에 있던 녀석이 또 소리칩니다.

"또 '두루때글' 시간이 되었구나! 주 보따리 선생님의 두루때글 시간이다!"

두루때글? 모두 이상하게 생각하실 것입니다.

"두루때글이라니? 도대체 두루때글이 뭐지?"

이제부터 주시경에게 '두루때글'이라는 별명이 붙게 된 까닭을 설명해 드리겠습니다.

주시경은 평소에 늘 이렇게 말했습니다.

"문명된 나라는 모두 제 나라 글과 말을 가지고 있다. 그런데 우리 나라는 오랫동안 중국글인 한문을 빌려 써 왔다. 한문은 우리말과 달라, 모든 백성이 쉽게 배워 쓰지를 못했던 것이다. 이제부터라도 우

리는 우리말과 우리글을 찾아서 갈고 닦아야, 우
리 나라도 문명된 나라가 될 것이다.”

주시경의 이러한 가르침을 귀에 못이 박히도록 들
은 학생들이 두루때글이란 별명을 지어 낸 것입니
다.

어느 날, 주시경이 책 보따리를 싸 들고 나가자,
한 학생이 교단 위에 점잖게 올라섰습니다. 그 학생
은 주시경의 목소리를 흉내내어 이렇게 말했습니다.

“여러분, 우리는 우리말과 우리글을 찾아 갈고 닦
아 써야 합니다. 그래서 말인데, 주시경이라는 내
이름도 사실은 중국 글자인 한문을 빌려 쓴 것입
니다.”

저 녀석이 무슨 말을 하려고 저러나 하고, 다른
학생들이 모두 교단 위의 학생을 쳐다보았습니다.

교단 위의 학생은 더욱 점잖게 무게를 잡으면서
말을 계속했습니다.

“나는 이제부터 중국 글자를 빌려 쓴 주시경이
라는 이름을 버리고, 순 우리글로 바꾸기로 했습
니다. 주시경의 ‘주’는 ‘두루 주(周)’자입니다.
‘시’자는 ‘때 시(時)’자올시다. ‘경’자는 책을 뜻
하기도 하고 글을 뜻하기도 하는 ‘글 경(經)’자

입니다. 그러니 앞으로는 저를 '두루때글'이라 불
러 주기 바랍니다. 그래야 우리 나라도 문명된
나라가 될 것입니다."

모든 학생이 배꼽을 쥐고 웃었을 것은 뻔합니다.

그 때부터 주시경은, '주 보따리' 외에 '두루때
글'이라는 또다른 별명으로 불리어졌던 것입니다.

주시경은 국어만 가르친 것이 아니었습니다. 때로
는 지리와 역사·수학·영어도 가르쳤습니다. 그렇
기 때문에, 우리 나라의 유명한 학자들 중에는 그의
가르침을 받지 않은 사람이 별로 없을 정도입니다.

주시경의 제자로서 나중에 유명한 학자가 된 이병
기는, 그 당시의 강의를 다음과 같이 회상했습니다.

"주 선생의 시간에는 언제나 빈 자리가 없이 학생
들이 들어앉아 강의를 들었습니다. 한눈을 팔거나,
하품을 하거나 뒷자리에서 소곤소곤 이야기를 하
는 따위는 그 교실에서는 결코 볼 수 없었습니다.
다만 들리는 것은, 선생의 다정스러운 말 소리와
여기저기서 사각거리는 연필 소리뿐이었습니다.

선생의 갸름한 얼굴에는 언제나 엄숙하면서도 부
드럽고 정다운 빛이 흘렀습니다. 선생의 웃으시는
모습도 별로 볼 수 없으려니와, 성내시는 모습 또한

볼 수 없었습니다. 그러한 선생의 눈빛은 온화했
으며, 그 모습은 보는 사람으로 하여금 존경심을
자아내게 했습니다."

주시경의 모습이 눈앞에 그려지지 않습니까?

주시경은 강의를 할 때, 어떤 문제건 적당히 넘어
가는 일이 결코 없었습니다.

게다가 주시경은 학생들이 공부에 싫증을 내지 않
도록 재미있게 가르쳤습니다.

화동에 있는 중앙 학교에서 지리를 가르칠 때의
일이었습니다.

한여름의 뜨거운 햇볕이 사정없이 내리쬐고 있습
니다. 점심 시간이 끝난 바로 다음 시간이 주시경의
지리 시간이었습니다.

몇몇 꾸벅꾸벅 조는 학생이 있었습니다. 그 때 주
시경은, 몽고 지방의 지리를 가르치고 있었습니다.

"여기는 고비 사막입니다. 뜨거운 태양이 머리 위
에서 이글거리고, 길은 또 왜 그렇게 멉니까. 상인
들은 그만 땅바닥에 주저앉아 목놓아 울었습니다.
그래서 이 곳의 땅이름을 '울가'라고 했답니다."

학생들이 큰 소리로 웃었습니다. 학생들의 눈빛은
금세 또랑또랑 맑아졌습니다.

이러한 주시경이었지만, 국어와 자주 독립 정신에
관한 강의를 할 때에는 딴 사람처럼 힘찼습니다.

어느 지리 시간에 백두산에 대해 강의할 때였습니
다. 주시경은 평상시보다 힘찬 목소리로 학생들에게
물었습니다.

"백두산의 나무들을 베어서 동청 철도에 싣고 달
릴 때, 그 열차의 차장은 누구였습니까?"

"일본 사람이었습니다."

"그러면, 백두산의 나무를 베어 뗏목처럼 엮어 서
해를 내려올 때, 바라보니 금수 강산이라. 그 금수
강산의 주인은 누구입니까?"

"한국 사람입니다!"

"옳습니다. 우리의 금수 강산이 외국인들에 의해
더럽혀지고 있습니다!"

주시경은 두 주먹을 불끈 쥐고 한탄했습니다. 어
느 새 그의 두 눈이 붉어졌습니다.

당시 일본 사람들은 우리 나라 백두산에서 나무들
을 제멋대로 베어 갔습니다. 그래도 우리 나라는 그
것조차 막을 힘이 없었던 것입니다.

이와 같이 주시경은, 깊은 어둠 속에 잠들어 있던
우리 민족의 혼을 깨우려고 온 힘을 다했습니다.

한없는 정열을 불태우며

주시경이 강의하는 시간은 일 주일에 40여 시간이나 되었습니다. 강의하는 학교와 강습소가 무려 20여 군데나 되었기 때문입니다. 그렇지만 주시경의 가정 형편은 늘 어려웠습니다.

그도 그럴 것이, 그 무렵의 학교는 하나같이 사정이 어려워 보수가 형편없이 적은 데다가, 그것마저 아예 주지 않는 곳도 있었기 때문입니다.

어떤 때는 어린 자식들과 아내가 끼니를 굶는 일도 있었습니다. 그러니 집인들 오죽했겠습니까.

집은 지금의 남대문로 3가에 있었는데, 다 쓰러져 가는 초가집이었습니다. 햇빛이 들지 않아, 대낮에도 촛불을 켜야만 책을 볼 수 있을 정도였다고 합니다.

이렇듯 살림이 말이 아닌데도, 주시경은 자주 인

력거를 탔습니다.

인력거는 사람이 끄는 수레로, 오늘날의 택시와 같은 것이라고 할 수 있습니다.

주시경은 한 학교에서만 근무를 한 것이 아니었기 때문에 이 학교 저 학교를 옮겨 다녀야 했습니다.

그러다 보니 자연히 시간에 쫓기게 되어 인력거를 탈 수밖에 없었던 것입니다.

자기를 기다리고 있는 학생들을 생각하면, 도저히 강의 시간에 지각을 할 수가 없었던 것입니다.

이와 같이 주시경은, 끼니를 굶는 생활 속에서도 가르쳐야 한다는 사명감으로, 스무 군데가 넘는 학교와 강습소를 뛰어다녔습니다.

주시경은 학생들을 가르치러 다니면서도, 어떻게 하면 좀더 한글을 널리 보급할 수 있을까 궁리하는 일을 게을리하지 않았습니다.

'한글을 빨리 보급하고 발전시키려면, 한글만 전문적으로 연구하는 기관을 만들어야 해.'

주시경이 이런 생각을 하고 있던 터에, 지석영이라는 사람이 주시경을 만나자고 했습니다.

지석영은 당시 경성 의학교 교장으로 있었는데, 우리 나라에서 처음으로 종두법을 실시한 분입니다.

지석영은 의학뿐만 아니라, 우리 한글에도 밝았습니다. 그만큼 한글에 많은 관심을 가지고 연구한 분이었습니다.

지석영은 주시경에게 이렇게 말했습니다.

"주 선생, 우리의 글과 말을 찾기 위해서는 나라에 우리글을 연구하는 기관이 있어야 한다고 생각하시지 않습니까? 이런 일은 정부에서 알아서 해야 할 일이지만, 어디 우리 정부가 그런 일에 신경 쓸 정신이 있어야 말이지요."

주시경은 너무나 기뻤습니다. 자기와 뜻이 통하는 동지를 만났기 때문이었습니다.

"참으로 고마우신 말씀입니다. 우리글을 연구하는 기관이 필요하다는 것을, 저도 진작부터 생각하고 있었습니다."

그리하여 주시경과 지석영은, 우리글을 연구하는 기관을 만들어야 한다는 건의문을 정부에 올리기로 했습니다.

지석영의 적극적인 후원을 받아 주시경이 건의문을 썼습니다.

　주시경은 우리글 연구의 필요성과 중요성을 자세히 적어 가지고, 뜻을 같이하는 많은 사람들의 이름으로 건의문을 정부에 올렸습니다.

　1907년 7월 8일, 마침내 학부(지금의 문교부) 안에 '국문 연구소'라는 기관을 설치하게 되었습니다.

　국문 연구소에서 국문을 연구할 학자로는 열다섯 명이 뽑혔는데, 물론 주시경도 그 중의 한 사람이었습니다.

　국문 연구소의 연구 위원들은 한글을 올바르게 쓰는 법을 연구하여, 우리글의 문법을 만들었습니다.

　그리하여 3년 후에는, 그것을 보고서로 꾸며 임금님께 올렸습니다.

　임금님이 그것을 보시고 좋다고 승인하면, 그 때부터 우리글의 문법은 그에 따라 통일되어 쓰이게 되는 것이었습니다.

　그 보고서는 모두 열 개 항목으로 되어 있었는데, 국문의 내력, 글 자체의 발음이 바뀌어 온 내력, 우리말의 높낮이, 자모의 이름 통일, 맞춤법 등이 그 주요한 내용이었습니다.

　이것으로 한글 문법이 정해져 통일되어 쓰이게 되면, 한글은 놀랍게 발전될 것입니다.

그렇지만 일은 순조롭지 않았습니다. 불행히도 학부 대신이 바뀌는 바람에 시간만 끌다가, 결국 보고서 내용조차 없어지고 말았습니다.

주시경은 우리글의 중요성을 모르는 대신들이 안타까웠습니다.

1906년, 주시경은 《대한 국어 문법》이라는 책을 펴냈습니다. 이 책은 우리글을 바르게 배우는 데에 길잡이 노릇을 하는 책입니다.

이 책이 맨 처음 나올 때에는 《국문 강의》라는 제목을 붙였었는데, 후에 《대한 국어 문법》이라 고친 것입니다.

을사 조약이 맺어진 그 이듬해의 일이었습니다.

을사 조약이란 일본이 우리 나라의 외교권을 빼앗기 위해 강제로 맺은 조약입니다.

우리 나라의 외교에 관한 모든 일을 일본의 외무성에서 관리한다는 것이니, 우리는 자주 독립 국가로서 다른 나라와 마음대로 사귀지도 못한다는 내용이었습니다.

우리 나라를 자기 나라의 수중에 넣고서 마음대로 하려는 일본의 야욕을 노골적으로 드러낸 것이 아닐 수 없습니다.

　을사 조약이 맺어지자, 일본에서는 곧 우리 나라에 '통감부'를 설치하고, 본격적으로 우리의 상전 노릇을 하려고 했습니다.

　그러자 나라를 사랑하는 뜻있는 사람들이 곳곳에서 들고 일어났습니다.

　"일본인은 이 땅에서 물러가라!"

　우리 나라 의병들과 일본 군사가 전국 곳곳에서 맞부딪쳤습니다.

　민종식이라는 어른은 충청 남도 보령에서 군사를

일으켜 지금의 홍성 고을인 홍주성으로 쳐들어가,
일본 군대와 경찰을 크게 무찔렀습니다.

　이인영은 여러 장수를 거느린 13도 총대장이 되
어 서울의 통감부로 쳐들어갈 계획을 세웠습니다.

　최익현은 전라도 태인에서 의병을 일으켰습니다.
최익현은 일본 사람들이 명성 황후를 시해했을 때에
도 군사를 일으킨 사람입니다.

　최익현이 이끄는 의병과 일본군이 순창에서 크게
맞부딪쳤습니다. 그러나 최익현의 군사가 아무리 용

감하게 싸운다 해도, 많은 수의 일본 군사를 당해 낼 재간이 없었습니다.

여기저기 피를 흘리며 죽어 가는 의병들의 수가 자꾸만 늘어 갔습니다. 처음부터 너무나 차이가 나는 숫자였습니다. 많은 의병들이 가슴에 피맺힌 원한을 품은 채 죽어 갔습니다.

맨 마지막으로 최익현마저 일본 군사에게 사로잡히고 말았습니다.

최익현은, 일본의 쓰시마 섬이라는 곳의 감옥에 갇히는 신세가 되었습니다.

감옥에 갇혀서도, 최익현은 조금도 비굴하지 않았습니다. 비굴하기는커녕 오히려 당당했습니다.

"이놈들, 죽일 테면 죽여라! 이 도적놈들! 남의 나라를 통째로 삼키려는 도적놈들!"

일본 사람들은 아무리 협박해도 굴복하지 않는 최익현을 보고, 방법을 달리했습니다.

좋은 옷과 음식을 주면서, 마음을 돌이켜 일본에 협력하면 높은 벼슬까지 주겠노라고 꾀었습니다. 하지만 어림도 없습니다.

"이 도적놈들! 나라의 원수, 만백성의 원수! 네 놈들이 주는 음식은 절대로 먹지 않겠다!"

이렇게 외치는 최익현의 입을 벌리고 일본 사람들은 강제로 음식을 퍼 넣으려 했습니다. 그것을 최익현은 일본 사람들의 얼굴에 뱉어 버리곤 했습니다.

얼마 후, 최익현이 단식 끝에 세상을 떠났습니다.

이 소식을 들은 주시경은, 나라를 위해 싸우시다가 끝내 단식으로 운명하신 최익현 선생의 추도식이라도 해 드리고 싶었습니다.

추도식이란, 죽은 사람을 생각하며 슬퍼하는 뜻을 나타내기 위하여 거행하는 의식을 말합니다.

하지만 최익현의 추도식을 하는 것이 발각되면, 그 추도식에 참가한 사람들이 모조리 일본 경찰에게 붙들려 갈 판이었습니다. 그렇다고 가만히 앉아 있을 수도 없는 노릇이었습니다.

주시경은 이상재에게 찾아가 의논했습니다.

"면암 선생께서는 나라를 위해 싸우시다 돌아가셨습니다. 아무리 세상이 일본 천지라 하지만, 선생의 명복이라도 빌어 드리는 것이 도리일 듯싶습니다."

"그렇습니다. 설령 잡혀 간다하더라도 면암 선생의 추도식을 거행합시다."

면암은 최익현의 호입니다.

　그로부터 며칠 후, 탑골의 승방에 사람들이 하나
둘 모여들었습니다. 그들은 남의 눈에 띄지 않도록
조심하면서 법당 안으로 들어갔습니다.

　그 곳에서 면암 최익현 선생님의 명복을 비는 추
도식이 거행되었습니다.

　"오직 나라 위해 싸우다가 돌아가신 면암 선생님,
　부디 좋은 곳으로 가십시오."

　추도식에 모인 사람들의 가슴은 하나같이 울분으
로 가득 차 있었습니다.

어쩌다가 나라가 이 지경이 되었는가!

나라를 위해 싸우다 돌아가신 분의 추도식을 이렇게 몰래 숨어서 해야 하다니!

참으로 슬픈 일이 아닐 수 없습니다.

추도식을 끝내고 돌아올 때, 주시경은 우연히 전덕기 목사와 나란히 걷게 되었습니다.

주시경은 오래 전부터 기독교를 믿고 있었습니다.

주시경이 불쑥 전덕기 목사에게 말했습니다.

"목사님, 저는 이 순간부터 기독교 믿는 것을 그만두

겠습니다."

"아니, 갑자기 그건 또 무슨 말씀이십니까?"

"목사님, 힘에 의한 침략과 정신적인 것에 의한 침략은 어느 쪽이 더 무서울까요?"

"그야 물론 정신적인 쪽이겠지요. 그만큼 더 철저할 테니까요."

"바로 그것입니다. 일본은 총칼로 우리 나라를 위협하며 침략하고 있습니다. 그러나 서양에서는 기독교라는 종교를 통해서 정신적으로 침략해 오고 있는 것입니다. 정신적인 침략은 눈에 보이지도 않을 뿐더러 아주 서서히 이루어지기 때문에, 모두들 의식하지 못한 채 정신을 빼앗기게 되는 것입니다. 저도 이제야 그런 사실을 깨달았습니다. 그래서 저는 기독교를 버리겠다는 것입니다."

주시경은 마침내 다니던 교회에서 나와, 우리 나라 종교인 대종교에 들어갔습니다.

대종교란 단군교라고도 하는 우리 나라 고유 종교인데, '한얼님'을 믿는 종교입니다.

주시경이 기독교를 버리고 대종교를 믿는 것에 대해 많은 기독교인들이 비난했지만, 주시경은 자신의 행동에 대해서 조금도 부끄럽게 생각하지 않았습니다.

아니, 오히려 떳떳했습니다. 그 모두가 나라를 사랑하는 마음이었기 때문이었습니다.

또 이런 일도 있었습니다.

주시경은 미국인 여자 선교사 터틀과 친하게 지내는 사이였는데, 그는 터틀에게 우리말을 가르쳐 주고, 또 터틀에게서는 영어를 배우기도 했습니다. 터틀은 주시경의 큰딸 솔메를 무척 귀여워했습니다.

본디 솔메의 이름은 송산, 주송산이었는데, 송산을 순 우리말로 고친 것입니다. '송(松)'은 '소나무 송'자니까 '솔'이라 하고, '산'은 예로부터 '메'라 했으니 '솔메'가 된 것이지요.

이렇게 주시경은 아이들의 이름을 모두 한글로 고쳤습니다.

큰딸 '송산'은 '솔메'로, 큰아들 '삼산'은 '세메'로, 둘째 아들 '백산'은 '흰메'로, 둘째 딸 '춘산'은 '봄메'로, 셋째 아들 '왕산'은 '임메'로 고쳤지요. 물론 자신의 이름도 '흰샘'이라 고쳤습니다.

이름만 고친 것으로 만족하지 않고, 주시경은 자신의 성까지도 한글로 고쳤습니다.

앞에서 주시경이 우리글의 이름을 지을 때를 기억할 것입니다.

한글의 '한'은 '크다, 바르다'라는 뜻을 가지고 있습니다. 지금은 '대전'이라 부르는 도시 이름도 옛날에는 '한밭'이라 불렀습니다. '대(大)'는 '큰 대'자이고, '전(田)'은 '밭 전'자이기 때문입니다.

주시경은 자기의 성을 '한'으로 고쳤습니다.

'한힌샘!'

이 때부터 '한힌샘'이 주시경 선생님의 호가 되었다고 합니다.

자, 이야기를 다시 돌립시다.

주시경의 큰딸 솔메를 귀여워한 미국인 선교사 터틀은 늘 이렇게 말했습니다.

"솔메가 국민 학교를 졸업하면 이화 학당에 보내야겠어요. 그런 뒤에 미국에 유학도 보내고……."

솔메가 국민 학교를 졸업하자, 터틀은 솔메를 무료로 이화 학당에 보내 주겠다고 했습니다. 솔메는 아주 좋아했습니다.

그러나 주시경은

"안 된다. 너는 명신 학교에 가야 한다."

하고 말했습니다.

"하지만 아버지, 저는 이화 학당에 들어가 공부하고 싶어요."

"너는 한국 사람이다. 그러니까 남의 나라를 배우기 전에 먼저 한국부터 배워야 한다."

주시경의 뜻은 강경했습니다. 당시 박동에 있던 명신 학교는 황실에서 세운 학교였고, 이화 학당은 미국인 선교사 스크랜턴이 세운 학교였습니다.

우리 것을 제대로 배워 익힌 후에 남의 것을 배우는 것이 순서라는 것이었습니다.

이것은, 주시경이 얼마나 외국 침략을 가슴 깊이 아파하고 있었는지를 잘 말해 주는 이야기입니다.

하루는 통감부의 일본인 관리 한 사람이 주시경을 찾아왔습니다. 한글을 배우겠다는 것이었습니다. 그런데 그 사람은 한글을 배울 생각은 않고, 자꾸 주시경에게 말을 걸었습니다.

"선생님처럼 훌륭하신 분이 이렇게 누추한 곳에서 사시다니, 말도 안 됩니다. 어떠십니까, 우리 총독부에 나와 일해 보시지 않으시겠습니까?"

일본이라는 말만 들어도 이가 갈리고 분통이 터지는 주시경에게 이런 말을 하니, 주시경은 참으로 어처구니가 없었습니다.

그것도 모르는 일본 사람은, 주시경이 벼슬할 뜻이 있는 것으로 알고, 더욱 은밀한 목소리로 말했습니다.

"제가 책임지고 좋은 자리를 마련해 드리지요. 그리고 큰 집도 장만해 드리고요."

주시경은, 능글맞은 웃음을 흘리고 있는 일본인 관리의 얼굴이 너무나도 역겨웠습니다.

"썩 물러가라! 아무리 가난하게 살고 있는 나지만, 네놈들 밑에서 벼슬할 생각은 추호도 없다!"

일본인 관리의 교활한 수작이 주시경에게 먹혀 들어갈 리가 없었습니다.

1907년, 주시경이 남대문 안 공옥 학교에 국어 강습원을 차려 놓고, 학생들에게 한글을 가르치던 무렵이었습니다.

어느 날, 아우 시강이 싱글벙글 웃는 얼굴로 주시경을 찾아왔습니다.

"형님, 저도 앞으로는 새로운 지식을 많이 배울 생각입니다.

"아무렴, 배워야 하고말고. 한 사람이라도 더 배워야 나라의 힘이 세진다. 그래, 너는 어디에 가서 무엇을 배우고 싶단 말이냐?"

"예, 이번에 황태자께서 일본에 공부하러 가시는
데, 수행원으로 따라갈까 합니다."

"뭐라고? 그건 안 된다. 너는 정말로 황태자께서
일본에 공부하러 가시는 거라고 생각하느냐? 그
건 허울 좋은 구실에 지나지 않아. 황태자께서는
일본에 볼모로 잡혀 가시는 거다. 온 민족이 반대
해도 시원치 않은데, 수행원으로 따라가다니. 그건
안 된다, 절대로 안 돼!"

아우 시강은 몹시 실망했지만, 잘 생각해 보니 형
님의 말씀이 옳은 듯했습니다.

"알겠습니다, 형님 말씀에 따르겠습니다."

"잘 생각했다. 사람이란 옳은 일이 아니면 하지
말아야 한다. 옳지 않은 일을 해서 설사 부귀 영
화를 누릴지 몰라도 필경은 화를 입게 되는 법이
다. 이번에 황태자의 수행원으로 따라가는 사람들
은, 훗날 저들의 앞잡이가 되어 반드시 민족의 비
난을 사게 될 것이다."

주시경의 말은 옳았습니다.

그 때 황태자의 수행원으로 따라갔던 사람들은 모
두 일본의 졸개가 되어, 나라를 팔아먹는 일에 한몫
거들었던 것입니다.

조선 광문회와 한글 큰사전

이렇듯 어지러운 세상을 한탄하면서도, 주시경은 한글 연구에 전념했습니다. 오로지 한글을 연구하는 것만이 자신의 삶의 보람인 양.

주시경은 어디 사는 누가 좋은 책을 가졌다고 하면, 10리든 20리든 멀다 하지 않고 찾아가 그 책을 베껴 왔습니다.

그러는 중에서도 주시경은 《국어 문전 음학》이라는 책을 썼습니다. 《국어 문전 음학》은 우리말의 문법을 밝힌 책입니다.

그리고 《소리갈》이라는 책도 펴냈습니다. 지금도 국문학자들이 그 밝은 풀이와 바른 이론에 감탄하는 훌륭한 책들입니다.

주시경이 이런 책을 펴낸 지 얼마 지나지 않아서,

예상했던 대로 일본은 우리 나라를 송두리째 삼켜 버리고 말았습니다.

1910년 8월 22일에 한일 합병 조약이라는 치욕적인 조약이, 우리 나라의 내각 총리 대신 이완용과 일본 통감 데라우치 마사타케 간에 조인되고, 그 내용이 29일에 발표되었습니다.

그에 의거하여, 우리 나라의 국권을 모두 일본 제국에게 강탈당한 것입니다.

그로부터 36년 동안, 우리 나라는 일본의 악랄한 식민지 정치 아래서 신음했던 것입니다.

일본인들은 우리글을 연구하지 못하게 하기 위해, 주시경이 건의문을 올려 설치했던 '국문 연구소'를 폐지시켰습니다.

뿐만 아닙니다. 무슨 일이든 나라를 위하는 일을 하는 사람은 무조건 잡아 가두었습니다.

주시경은 땅을 치며 통곡했습니다. 그렇지만 통곡한다고 나라를 되찾을 수 있는 것은 아니었습니다.

주시경은 분연히 일어났습니다.

'아니다, 이렇게 통탄만 하고 있을 때가 아니다. 나라는 빼앗겼다 해도 우리의 정신만 살아 있으면 언젠가는 나라를 되찾을 수 있다.'

주시경은 우리의 정신을 살지게 하는 일을 해야겠다고 마음먹었습니다.

때마침 최남선이 '조선 광문회'라는 출판사를 차렸습니다. 그가 주시경을 찾았습니다.

어느 날, 최남선의 집에 주시경을 비롯한 몇 사람이 모였습니다.

"일본인들이 저렇듯 우리의 문화와 정신을 완전히 말살시키려 하니, 우리의 책인들 온전할 리 없을 것이오."

주시경도 같은 생각이었습니다.

"그래서 말인데, 일본인들이 없앨 것 같은 책들을 여러 권 만들어, 그것을 몰래 자손들에게 물려주는 것이 어떻겠습니까? 우리 조상들의 얼과 정신이 깃들여 있는 귀중한 책을 지키는 일도 훌륭한 애국이 될 것입니다."

"참으로 좋은 생각이십니다."

이렇게 하여, 《동국통감》·《삼국사기》·《훈몽자회》·《해동역사》·《아언각비》 등 우리 나라의 귀중한 고전들이 간행되었습니다.

이와 같은 책들을 간행하면서, 주시경은 오래 전부터 꿈꾸어 오던 일을 실천에 옮기고 싶었습니다.

어느 날, 주시경은 최남선에게 물었습니다.

"최 선생, 영어 사전을 보신 일이 있으십니까?"

"예, 보았습니다만……."

"그럼, 프랑스어 사전은 보셨습니까?"

"그것도 보았지요. 그런데 왜……?"

"영어 사전도 있고, 프랑스어 사전도 있군요. 그렇다면 우리말 사전을 보셨습니까?"

주시경의 이 질문을 받고서야, 비로소 최남선은 주시경이 말하고자 하는 뜻을 알았습니다.

"이제야 알겠습니다, 주 선생께서 말씀하시려는

것을! 우리말 사전을 만들고 싶으신 거지요?"

"그렇습니다! 외국어 사전은 있으면서 우리말 사전이 없다는 것은 부끄러운 일이지요. 나는 오래 전부터 우리말 사전을 만들기 위한 준비를 해 왔지만 그 비용을 댈 만한 돈이 없어서……."

"좋습니다. 저의 전 재산을 들여서라도 한번 만들어 보십시다."

"정말이십니까? 참으로 큰 결심을 하셨습니다. 고맙습니다, 최 선생!"

주시경은 최남선의 손을 꼭 잡았습니다. 이내 두 눈이 붉어지더니 눈물이 핑 돌았습니다.

주시경의 오랜 소원이던 우리말 사전을 만들 수 있게 된 것입니다.

주시경은 밤잠을 줄이면서 열심히 사전 만드는 일을 했습니다. 이렇게 해서 '말모이'란 국어 사전의 편찬 작업이 시작된 것입니다.

그러나 아깝게도, 주시경은 자신의 숙원이던 국어 사전의 편찬을 보지 못하고 숨을 거두고 말았습니다. 주시경이 세상을 떠난 후, 주시경이 만들어 놓은 원고를 계명 구락부의 박승빈이라는 사람이 맡았지만, 자금난에 부딪혀 다시 중단되었습니다.

그러다가 일제 시대가 끝나 갈 무렵, 조선어 학회가 그 일을 맡아 계속했습니다. 그러나 그것도 잠시, 일본 경찰은 우리말 사전이 편찬되는 것을 막기 위해, 조선어 학회의 학자들을 민족주의자라 하여 잡아 가두었습니다. 우리말 사전을 만드는 일은 또 중단된 것입니다.

1945년 8월 15일, 우리 나라는 일본의 가혹한 식민 통치로부터 벗어나게 되었습니다. 따라서 조선어 학회의 학자들도 옥에서 풀려 나왔습니다.

조선어 학회 학자들은 다시 한글 학회를 조직했습니다.

한글 학회의 학자들은, 떳떳하고 당당하게 우리말 사전 펴내는 일을 서둘렀습니다. 이제 그들을 잡아 가둘 사람은 아무도 없었습니다.

이리하여 마침내 햇빛을 보게 된 것이, 한글 학회에서 펴낸 《우리말 큰사전》입니다.

주시경의 오랜 꿈이 그제야 이루어진 것입니다. 이 책이 세상에 나오던 날, 하늘 나라의 주시경도 기쁨의 눈물을 흘렸을 것입니다.

주시경은 또, 우리글의 가로로 풀어쓰기를 실시했습니다. 학생들에게도 가로쓰기를 강조하고, 《말의 소리》에서도 다음과 같이 가로쓰기를 주장했습니다.

"사람의 겨레가 저마다 글을 그 소리에 맞게 만들어 써야 하늘을 따르는 것이 되느니라. 말은 반드시 다듬어야 좋은 말이 되고, 좋은 말을 적어야 좋은 글이 되느니라.

가장 좋은 글은, 가장 잘 다듬은 말을 적은 것이요, 또 이를 가로 쓰는 것이니라. 가로글이 쓰기와 보기와 박기에 가장 좋으니라."

그 당시만 해도 한문 교육을 더 중요시하고 우리글은 천대하였기 때문에 이는 굉장한 문자 혁명이라 아니할 수 없습니다.

땅에 떨어진 큰 별

일본 제국주의의 탄압은 점점 심해졌습니다.

"조선말은 절대로 쓰면 안 된다. 일본말만 써라. 이름도 일본 이름으로 바꿔라. 학교에서는 조선말 시간을 없애라."

일본은 우리 나라의 정신을 송두리째 빼앗기 위해 별별 수단을 다 썼습니다.

조금이라도 나라를 위하는 일을 하는 사람은 즉시 일본 경찰들이 체포했습니다.

온 나라가 숨이 막힐 것처럼 답답했습니다.

주시경과 함께 기울어 가는 나라를 바로 세우려고 애쓰던 많은 동료들은 감옥에 갇히거나, 멀리 만주로 망명을 떠났습니다.

만주에 가서 독립 운동을 하려는 것입니다. 우리

나라 안에서는 기침 한 번 마음 놓고 못 해 볼 형편
이니, 떠날 수밖에 별 도리가 없었습니다.

　동지들을 하나 둘씩 떠나 보내면서, 주시경은 자
기도 떠날 수밖에 없다는 것을 느꼈습니다.

　'이 곳에서는 아무 일도 할 수가 없어. 별수 없이
　나도 떠나야겠구나.'

　당시 일본 경찰에서는 주시경의 일거수 일투족을
감시하고 있었습니다.

　주시경의 집 주위에는 언제나 일본 형사 한두 사
람이 그림자처럼 서성거리고 있었습니다. 그래서 주
시경의 행동 거지를 소상히 살피는 것이었습니다.

　좀 과장해서 말한다면, 주시경이 화장실엘 가도
일본 형사들이 따라붙는 형편이었습니다.

　일본 형사들 사이에서, 주시경은 악질 중의 악질
로 평판이 나 있었습니다.

　"저 녀석은 철저히 감시해야 해. 저놈은 아무리
　을러메도 조선말만 하는 악질 중의 악질이라니까.
　게다가 조선말 사전을 만든다고 하지 않나, 나라
　의 정신을 잃으면 안 된다고 떠들어대질 않나, 아
　무튼 골치 아픈 녀석이라구."

　나라를 사랑하는 우리의 애국 지사들은 저들에게는

참으로 눈엣가시 같은 존재였습니다.

생각해 보십시오. 눈에 가시가 들어가면 얼마나 아프겠어요. 그러니, 가시를 뽑아 내려고 온갖 수단을 다 쓸 것은 뻔한 이치지요.

일본은, 우리의 한글을 연구하고 지키기 위해 애쓰고 또 그것을 통해 민족 정신을 키우려 하는 주시경을, 이렇듯 제거하지 못해 안달했습니다.

주시경이 학생들을 가르치기 위해 교실에 들어가면, 으레 낯선 학생 한두 명이 앉아 있게 마련이었습니다. 그들이 누구인지 여러분도 짐작할 수 있을 것입니다. 그들은 주시경을 감시하기 위해 일본 정부가 파견한 일본 형사들이었습니다.

주시경은 더 이상 견딜 수가 없었습니다.

'그래, 떠나자. 만주에 가서 거기 있는 동포들에게 한글을 가르치고, 독립 운동도 해야겠다.'

주시경이 이렇게 결심을 굳히고 있을 무렵, 황해도와 평안도 일대에서 큰일이 일어났습니다.

안명근이 일본 경찰에 체포된 것입니다. 안명근은 이토 히로부미를 하얼빈 역에서 쏘아 죽인 안중근 의사의 사촌 동생입니다.

만주에서 독립 운동을 하던 안명근은 만주에 독립

군 학교를 세우기 위한 자금을 구하려 몰래 우리 나라에 숨어 들어와 있었습니다. 그런데 때마침 조선 총독 데라우치가 평안도엘 온다는 것이었습니다.

안명근은 이 기회를 놓치기 싫었습니다. 나라의 적인 일본 총독을 죽이고 싶었습니다. 그래서 은밀히 준비를 했습니다. 그런데 어떻게 알았는지, 일본 경찰이 눈치채고 안명근을 체포한 것이었습니다.

하지만 일은 그것으로 끝나지 않았습니다. 교활한 일본 헌병들은, 이 사건을 빌미로 우리 나라의 애국 지사들을 무더기로 잡아넣을 계책을 꾸몄습니다.

"흥, 평안도와 황해도 놈들이라면 지긋지긋하다. 골치 아프던 차에 잘 됐군. 좋은 구실이 생겼어."

일본 헌병 대장이 씨익 웃으며 말하자, 한 헌병이 무슨 말인지 몰라 얼떨떨해하였습니다.

"이런 바보 같은 자식 보았나! 그렇게도 머리가 안 돌아간단 말이냐? 안명근 사건을 트집 잡아서, 평안도와 황해도의 골치 아픈 놈들을 모조리 잡아넣는단 말이다. 이제 알겠나?"

"하! 이제야 알겠습니다. 대장님께서는 참으로 머리가 좋으십니다."

"좋아! 그러면 조금이라도 골치 아픈 녀석은 총독을 살해하려 했다는 혐의를 씌워서 잡아 와!"

이렇게 되자, 황해도와 평안도 일대에는 일본의 헌병과 경찰들이 쫙 깔렸습니다. 그들은 집집마다 돌아다니며, 조금이라도 일본 정책에 반대할 듯한 사람이면 무조건 잡아 갔습니다.

그러니 황해도와 평안도 일대가 발칵 뒤집힌 것은 말할 것도 없었습니다.

일본의 헌병대와 경찰서의 유치장은 발디딜 틈도 없이 우리의 애국 지사들로 가득 찼습니다. 서슬이 시퍼래져서 잡아들인 사람이 무려 600여 명이 넘었다고 합니다.

하지만 이게 될 법이나 한 이야기입니까? 아무리 일본 헌병이라 한들, 처음부터 억지로 잡아들인 사람들입니다.

한두 사람도 아닌 600여 명이나 되는 사람들을 어떻게 처벌할 수 있었겠습니까.

어쩔 수 없이 500여 명은 다시 풀어 주고, 105명만 남겼습니다. 이분들은 대개 '신민회'라는 모임을 통해서 독립 운동을 하던 애국자들이었습니다.

"남은 105명은 절대로 풀어 주어서는 안 된다.

끝까지 물고 늘어져서 요절을 내야 해. 저자들은
악질 중의 악질이라구!"

일본 헌병 대장이 목에 핏대를 세우며 소리쳤습니
다. 이렇게 해서 일어난 사건이 그 유명한 '105 인
사건'입니다.

주시경은 더 이상 지체할 수가 없었습니다.

"그래, 멀리 떠나자!"

주시경은 가방을 챙겨 들고 고향길을 밟았습니다.

고향은 언제나 변함이 없었습니다. 어려서 키를 대

보며 '어서 커라' 하고 노래하던 미루나무, 넘어지
고 가시덤불에 찔리면서도 하늘을 만져 보려고 산꼭
대기까지 올랐던 덜렁봉, 그리고 푸른 하늘…….

　만주로 떠나기 전에 부모님께 하직 인사를 드리려
고 고향에 온 것이었습니다.

　그러나 눈물을 글썽이며 반갑게 맞아 주시는 늙으
신 부모님께, 주시경은 차마 하직 인사를 드릴 수가
없었습니다.

　"아버님, 어머님, 부디 오래오래 사셔야 합니다.

그래야만 좋은 세상을 보실 수 있을 게 아닙니까.
아무쪼록 건강하십시오.”

주시경의 인사말에 부모님은 이상하다는 듯이 말
씀하셨습니다.

“네 말이 어쩐지 이상하구나. 마치 어디 먼 곳으
로 떠나는 사람처럼……. 우리는 아무 염려 말고,
너나 항상 몸조심하거라.”

“예.”

부모님 앞에서 물러나온 주시경은, 동생에게 자기
의 생각을 사실대로 말했습니다.

“나는 만주로 간다. 이 땅에서는 더 이상 아무 일
도 할 수가 없어서 만주로 가기로 했다. 이번에
가면, 어쩌면 다시는 못 볼지도 모르겠구나. 부디
내 몫까지 아버님, 어머님께 효도해 다오.”

“알겠습니다, 형님. 나라를 위해서 애쓰시는 형님
이 자랑스럽습니다. 아버님, 어머님은 염려하지 마
세요. 제가 형님 몫까지 합해서 잘 모시겠습니다.
그러니, 부디 몸조심하십시오.”

“고맙구나…….”

주시경은 서울로 돌아와 만주로 떠날 채비를 서
둘렀습니다. 만주까지 가족을 데리고 떠날 수는 없는

노릇이니, 가족의 생활도 염려스러웠습니다.

그러나 그것도 어쩔 수 없는 일이어서 주시경은 아내에게 자식들을 당부하는 수밖에 없었습니다.

인제 며칠 후면 만주로 떠나게 됩니다.

식사를 한 지 얼마 후, 갑자기 주시경은 몹시 배가 아팠습니다. 배는 점점 더 아팠습니다.

주시경은 진땀을 뻘뻘 흘리며 배를 움켜쥐고 뒹굴었습니다.

"아빠, 왜 그러세요! 아빠!"

깜짝 놀란 가족들은 급히 인력거를 불러 주시경을
태우고는 병원으로 달렸습니다.

"어떻습니까? 배가 몹시 아프신 것 같은데, 괜찮
으실까요?"

평상시에 위가 약했던 주시경이었습니다.

의사는 한참 진찰해 보더니, 걱정할 필요 없다는
듯이 말했습니다.

"뭐, 별일은 없을 겁니다. 급성 체증입니다. 약을
먹고 안정하면 괜찮을 듯싶습니다."

의사가 밖으로 나가자, 수상한 사람이 의사 곁에
바싹 다가갔습니다. 병원에까지 주시경을 미행해 온
일본인 형사였습니다.

"저 환자의 증세는 어떻습니까?"

형사가 묻자, 일본인 의사는 역시 똑같은 대답을
했습니다.

"예, 별것 아닙니다. 급성 체증인 듯싶으니까, 약
을 먹고 좀 안정하면 되겠지요."

"흠, 그래요."

일본인 형사는 잠깐 어디엔가 다녀 오더니, 다시
의사에게로 바싹 다가갔습니다. 그리고는 무언가 귀
엣말로 소곤거렸습니다.

형사의 귀엣말을 듣던 일본인 의사의 얼굴빛이 갑자기 바뀌었습니다.

일본인 의사의 얼굴빛으로 보아 형사가 무언가 중요한 일을 지시한 것 같았습니다.

잠시 후, 일본인 의사는 간호원에게 말했습니다.

"이봐요, 간호원. 아까 들어온 환자에게 주사 놓을 준비해요."

의사와 간호원이 병실로 들어섰습니다. 주시경의 얼굴은 여전히 고통으로 일그러져 있었습니다.

"자, 주사를 놓아 드리지요. 이 주사를 맞으면 곧
편안해지실 것입니다."

의사는 주시경에게 한 대의 주사를 놓아 주고는
총총히 나가 버렸습니다.

그런데 이튿날 새벽녘이었습니다.

갑자기 주시경의 숨결이 거칠어졌습니다.

주시경의 아내는 깜짝 놀라, 주시경의 입에 귀를
대고 숨소리를 들어 보았습니다. 분명히 숨소리가
고르지 않았습니다.

"선생님! 의사 선생님! 우리 그이가 이상해요.
숨결이 거칠어지셨어요!"

일본인 의사가 허둥지둥 뛰어들어왔습니다. 의사
는 청진기를 주시경의 가슴에 대 보더니, 안됐다는
표정으로 말했습니다.

"임종입니다. 정말 안됐습니다."

"예, 돌아가셨다고요? 그럴 리가 없습니다. 몇 시
간 전까지만 해도 별일 없을 거라고 말씀하시지
않았습니까? 의사 선생님, 다시 한 번 살펴봐 주
세요. 우리 그이가 정말 돌아가신 겁니까?"

주시경의 아내가 아무리 울고 매달려도, 일본인
의사의 태도는 싸늘하기 그지없었습니다.

"안됐지만 댁의 남편은 이미 돌아가셨습니다."

의사는 울고 있는 가족들에게 등을 돌린 채, 뒤도 돌아보지 않고 사라져 버렸습니다.

1914년 7월 27일 아침 6시, 나라를 끔찍하게 사랑하고, 한글 연구에 온몸을 바친 주시경 선생은 어처구니없이 돌아가신 것입니다.

그렇지만 정말 이상합니다. 별일 없으리라던 주시경 선생이 어째서 갑자기 돌아가셨을까요? 일본 경찰이 귀엣말을 할 때, 일본인 의사의 얼굴빛이 왜 바뀌었을까요?

이처럼 주시경 선생의 죽음 뒤에는 아직까지도 풀리지 않는 의문이 남아 있습니다.

주시경 선생은 일본 경찰의 미움을 많이 받은 분이셨으니 이런 의문도 가져볼 수 있는 것입니다.

하지만 이것은 우리의 추측일 뿐입니다. 일본 천지에서, 일본의 미움을 받던 주시경 선생의 사망 원인을 어떻게 캐어 볼 수 있었겠습니까.

주시경 선생이 돌아가실 당시의 나이는 서른여덟 살, 참으로 많은 일을 할 수 있는 나이에 돌아가신 것입니다. 민족의 큰 별이 이처럼 어이없게 떨어진 것입니다.

자랑스런 우리의 한글

주시경은 평생을 오로지 한글을 연구하고 갈고 닦는 일에 바쳤습니다.

천대와 압박받던 한글을 연구한다고 어느 누구 하나 알아주는 사람이 없었습니다. 그런데도 주시경은 자나깨나 한글 연구에 골몰했던 것입니다.

주시경은, 한글이야말로 우리 민족의 얼이라 생각했습니다. 민족의 얼, 나라의 얼을 지키는 길이 곧 자주 독립의 지름길이라 생각했던 것입니다.

이렇게 나라만을 생각한 주시경은 평생 동안 양복을 입지 않았습니다.

일 년 삼백육십오 일, 하루도 빠짐없이 두루마기를 입고 다녔습니다.

여름에는 '도루마'라는 베 같은 옷감으로 두루마기

를 지어 입었고, 겨울에는 좀 두껍고 빛깔이 진한 무명 옷감으로 두루마기를 지어 입었습니다.

두루마기 속에는 잿빛 바지저고리에 조끼를 받쳐 입었습니다. 이것도 일 년 열두 달 변함이 없었습니다. 바뀐다면, 여름에는 좀 얇고 엷은 빛깔의 옷감으로, 겨울에는 좀 두텁고 진한 빛깔의 옷감으로 지어 입는다는 것뿐이었습니다.

이렇게 잿빛 바지저고리에 조끼를 받쳐 입고, 그 위에 두루마기를 단정히 입었으며, 머리에는 말총으로 만든 총모자를 썼습니다. 몹시 더운 한여름에만 잠깐 밀짚 모자를 쓸 뿐, 그 외에는 언제나 똑같은 모양, 똑같은 빛깔의 총모자를 쓰고 다녔습니다.

주시경 선생의 차림새를 대충 눈앞에 떠오르는 대로 그려 보면 말쑥한 신사의 모습이 아닌 시골 훈장 어른 같다고나 할까요……?

아무튼 그러한 차림새에, 신발은 그 무렵 '양혜'라는 가죽 구두를 신었습니다. 그런데 주시경 선생을 가까이 모시던 제자들 말에 의하면, 주시경 선생이 새 구두를 신은 것을 본 일이 없다고 합니다.

아마도 주시경 선생은 늘 헌 구두만 신고 다니셨나 봅니다. 게다가 그 무렵에는 지금과 같은 양말이 널리 보급되지 않았을 테니, 신은 신식 구두지만 그 속에는 투박한 버선을 신으셨을 것입니다.

또 하나, 주시경 선생의 모습에서 떠올릴 수 있는 것은 책 보따리입니다.

주시경 선생은 어디를 가나 옆에 꼭 책 보따리를 끼고 다니셨습니다.

그 투박한 모습처럼 고지식하고 외곬으로, 주시경 선생은 한글을 지켰습니다. 요즈음 이 눈치 저 눈치 살피면서 얄팍하게 세상을 살아가는 사람들이 보면, 참으로 우직하고 소처럼 미련해 보일 것입니다.

일제 치하에서 한글을 연구하는 일은, 그야말로 목숨까지 내놓고 해야 하는 일이었습니다.

주시경은 자신의 목숨과 바꿔서라도 우리글 우리 말을 지키고자 했던 것입니다. 이러한 주시경의 가 르침을 받은 많은 제자들이 스승의 뜻을 이어받아, 역시 목숨을 걸고 우리 한글을 지켰습니다.

한 나라에 제 나라 글과 말이 없다는 것은 그 나 라의 정신과 문화가 없다는 말이 됩니다. 그런 나라 는 죽은 나라이지 산 나라가 아닙니다.

그러므로 우리글 우리말은 우리의 보배 중에서도 보배인 것입니다.

일본이 우리에게서 우리글을 빼앗기 위해 온갖 나쁜 짓을 저지른 일에 대해서는, 여러분들도 잘 알고 계실 것입니다.

한글을 연구하는 우리 학자들을 잡아다 모진 매질을 하고, 온갖 무서운 고문을 하기도 했습니다. 그런데도 아무도 절개를 굽히지 않았습니다.

그리고 마침내 이분들의 노력이 태양처럼 환히 빛나는 날이 왔습니다.

이 땅의 주인인 양 행세를 하며 우리 민족을 윽박지르고 학대하던 일본인이 쫓겨가고 삼천리 금수 강

산에 태극기가 휘날리던 날, 우리의 한글이 자랑스런 모습으로 우뚝 선 것입니다.

모진 압박 속에서도 꿋꿋이 지켜져 온 우리글.

그러기에 더욱 자랑스럽고 사랑스러운 우리의 글로서 만백성 앞에 그 모습을 드러낼 수 있었던 것입니다.

어떤 나라는 일본이 물러간 후에도 몇 년 동안이나 제 나라 말을 쓰지 못했답니다.

일본의 압박 밑에서 제 나라 말과 글을 완전히 잊어버렸기 때문이었습니다.

그러나 우리는 그 무서운 서슬 아래서도 우리글을 지켜 왔습니다.

그리하여 저들이 이 땅에서 물러간 날, 우리는 자랑스럽게 우리말 우리글을 쓸 수 있었던 것입니다.

주시경의 책 보따리가 우리글을 지켰고, 주시경의 가르침을 받은 많은 한글학자들이 우리글을 지켜 온 결과입니다.

나라의 광복을 보지 못하고 먼저 가신 주시경 선생의 영혼도 편안히 잠들었을 것입니다.

주시경 선생의 뜻을 기리며

오늘날 한글을 몰라서 못 읽고 못 쓰는 사람은 거의 없을 것입니다.

전세계가 과학적인 글이라 칭찬하는 우리의 한글이 오늘날의 모습으로 드러나기까지는 주시경의 공적이 참으로 크다 아니 할 수 없습니다.

1959년 어느 날, 주시경 선생의 제자들을 비롯하여 한글을 연구하는 여러 학자들이 한자리에 모이게 되었습니다.

"오늘날 우리 한글이 이렇듯 발전하고 널리 보급된 것은 모두 주시경 선생의 공덕이라 생각합니다. 그런데도 일본의 등쌀 때문에 선생의 산소 하나 번듯하게 못 해 드렸습니다. 이제 그들도 물러간 터에, 선생의 산소를 저렇듯 보잘것 없는 상태

로 내버려둔다는 것은 도리가 아닙니다.”

“그렇습니다. 그분의 뜻을 기리는 의미에서라도, 그분의 유해나마 좋은 곳에 모셔야 합니다.”

“좋습니다.”

모두 주시경의 산소를 좋은 곳에 옮기고 잘 꾸며 놓자는 데에 의견을 모았습니다.

이렇게 하여 ‘고 주시경 선생의 묘지 이장 추진 위원회’가 조직되었습니다.

묘지 이장 추진 위원회를 비롯하여 많은 사람들의 도움과 성금으로, 마침내 고 주시경 선생의 묘지는, 경기도 양주군 진접면 장현리의 양지바른

산기슭에 이장되었습니다.

선생이 돌아가신 지 46년째 되는 1960년 가을의
일이었습니다.

곱게 떼를 떠다 입히고 주위를 정성껏 정리한 주
시경 선생의 무덤은, 투명한 가을 햇빛 아래서 퍽이
나 평화스러워 보였습니다.

"선생님, 인제 마음 편히 쉬십시오. 선생님께서
겪은 온갖 고초 속에서 쌓아 놓으신 업적은 이제 밝
은 햇빛 아래 찬란히 빛나고 있습니다. 선생님께서

　그토록 아끼고 사랑하던 우리글은 이제 온 백성이 아끼고 사랑하는 진정한 우리글이 되었습니다."
　한글 학회의 학자들, 국어 국문학을 전공하거나 연구하는 학자들, 문교부 장관, 주시경 선생을 추앙하는 여러 사람들이 모여 묘지 이장식을 했습니다.
　우리 나라, 우리 민족의 정신인 우리글 우리말을 평생 동안 갈고 닦으신 주시경 선생, 그분의 나라 사랑하는 정신을 길이 살리고, 나라의 보배인 한글을 잘 갈고 닦아 쓰도록 해야겠습니다.

| 인지생략 |
| 판권본사소유 |

한글학자 주시경

2003년 3월 10일 2판 1쇄 발행
2008년 10월 2일 2판 5쇄 발행

엮은이
김 경 선

그린이
정 시 랑

펴낸이
조 병 철

펴낸곳
한국독서지도회

경기도 고양시 일산동구 장항동 580
TEL (031)908-8520
FAX (031)908-8595
출판등록 1997년 4월 11일 (제406-2003-016호)

✱ 잘못된 책은 바꿔 드립니다.
✱ 책값은 뒤표지에 있습니다.

　ISBN 89-7788-107-2